I. E Horn

Ungarns Finanzlage und die Mittel zu ihrer Hebung

I. E Horn

Ungarns Finanzlage und die Mittel zu ihrer Hebung

ISBN/EAN: 9783743311930

Hergestellt in Europa, USA, Kanada, Australien, Japan

Cover: Foto ©Suzi / pixelio.de

Manufactured and distributed by brebook publishing software
(www.brebook.com)

I. E Horn

Ungarns Finanzlage und die Mittel zu ihrer Hebung

Dass Ungarn's Staatshaushalt arg verrannt ist, braucht wohl nicht erst erwiesen zu werden. Die betrübende Thatsache wurde während der letzten Monate des Vorjahres von allen Bänken des Reichstages und in allen Organen der Tagespresse, ohne Parteiunterschied, unzählige Mal verkündet und dokumentirt. Doch scheint man sie an mancher Stelle bereits vergessen zu haben oder vergessen zu wollen. Dem gegenüber dürfte die Anrufung folgender Vorgänge nicht unangezeigt, aber auch genügend sein:

1. Finanzminister Karl Kerkapoly, lange nicht das unbegabteste Mitglied der zwei letzten Kabinete, musste im Dezember v. J. den herben Angriffen weichen, welche die Ergebnisse seiner dreijährigen Amtswirksamkeit ihm seitens der eigenen Parteigenossen zugezogen. Bei rastloser vierwöchentlicher Suche war der Minister-Präsident nicht im Stande, in der an dreihundert Deputirte hohen Deák-Partei — überdies wurde auch ausserhalb des Reichstages gefahndet — den Mann zu finden, welcher hinreichendes Selbstvertrauen oder genug patriotischen Opfermuth besässe, um die Erbschaft Kerkapoly's anzutreten. Der Minister-Präsident sah sich zu dem verzweifelten Entschluss gedrängt: das Finanz-Portefeuille selbst zu übernehmen. Herr Josef v. Szlávy würde aber auch bei einem geringeren Mass von Bescheidenheit, als ihn wirklich ziert, ohne Rückhalt eingestehen, dass er den Aufgaben dieses, vor Allem Fachkenntniss erfordernden Postens selbst

1*

unter gewöhnlichen Verhältnissen kaum gewachsen wäre. Vollends heute!.

2. Die Ende November v. J. aufgenommene Anleihe von 7½ und beziehungsweise 15 Millionen Pfund Sterling wurde nur zu den drückendsten Bedingungen erlangt. Im Momente, wo die Londoner Rothschild's eine in vierzig Jahren rückzahlbare fünfprozentige russische Anleihe zum Kourse von **93** auf den englischen Markt brachten und für dieselbe eine acht- bis zehnfache Ueberzeichnung erzielten, schienen Regierung und Reichstag in Ungarn es als ein hohes Glück anzusehen (mit solch' fieberhafter Hast suchte man sich dasselbe zu sichern!), wenn dasselbe Weltbankhaus eine sechsperzentige ungarische Anleihe zu **84** theilweise übernahm. Die nach fünf Jahren zum vollen Nennwerthe erfolgende Rückzahlung, der ungarischen Schuldscheine sichert denselben, abgesehen von den bedeutenden Nebenvortheilen, welche die Emittenten sich bedungen, ein festes Jahreserträgniss von zehn Prozent; dabei ist ihnen der gesammte, nach Millionen Joch zählende Domänenbesitz des ungarischen Staates verpfändet. Trotzdem sind gelegentlich des in den letzten Dezembertagen 1873 erfolgten Ausgebotes der ersten 7½ Millionen Pfund Sterling von vier ungarischen Instituten 72.000, vom gesammten übrigen Ungarn weitere 14.000 Pfund Sterling, somit Alles in Allem bei weitem nicht Eine Million Gulden (genau: 860.000 fl.) gezeichnet worden! Im Auslande, speziell London, blieb trotz der fabelhaft günstigen Bedingungen und wiewohl der Bankzinsfuss daselbst auf fünf Prozent herabgegangen war, der Erfolg der Unterzeichnung so wenig 'durchschlagend, dass das Rothschild-Konsortium Wochen hindurch unschlüssig blieb, ob es auch die gesammten 7½ Millionen Pfund Sterling, oder nur die ersten zwei Drittel dieses Betrages übernimmt.

3. Die am 22. Dezember 1873 erfolgte Entsendung der Einundzwanziger-Kommission enthält doch wohl die ein-

müthige faktische Anerkenntniss ganz ausserordentlicher
Finanzzustände. Als Aehnliches bei Verhandlung des Voranschlages für 1873 von deäkistischer Seite war beantragt
worden (Pólya), hatte die Regierung den Antrag, weil ein
Misstrauensvotum involvirend, entschieden, fast entrüstet
zurückgewiesen; sie hat jetzt, ausser anderen Getreuen und
wirklichen oder vermeintlichen Heilkundigen, nicht weniger als sechs Ex-Minister in's Konsilium, an das staatliche
Krankenlager entsendet.

Diese Vorgänge sind zu beredt, um eines Kommen-
tars zu bedürfen. Was sie besagen, ist allerdings höchst
unliebsam, darf aber deshalb nicht vertuscht werden. Das
war lange genug unsere üble Angewöhnung, wir bezahlen
sie heute bitter theuer. Es ist höchste Zeit, von ihr zu
lassen. Das Uebel erkennen und bekennen ist im Staats-
wie im Einzelleben die unerlässliche Vorbedingung des
ernsten Heilungsversuches.

II.

Das Vorhandensein der Finanzmisère als leider unbestreitbare Thatsache hingenommen, gilt es vorerst, sich ge-
naue Rechenschaft über deren Umfang zu geben. Den un-
mittelbarsten Anhaltspunkt hiezu bietet der Staatsvoranschlag für 1874, wie er knapp vor Beginn dieses Jahres
im Reichstage festgestellt worden. Die Hauptergebnisse desselben gestalten sich, wie folgt:

Ordentliche **Einnahmen** . . . . fl. 202,788.759		
Ordentliche Ausgaben . . . . „ 210,561.115		
Defizit	fl. 7,772.356	
Ausserordentliche Einnahmen . . . . „ 6,868.414		
Ausserordentliche Ausgaben . . . . „ 37,211.709		
Defizit	„ 30,343.295	
Kredit- und { Einläufe . . . . „ 14,393.998		
Kassen- { Ausgänge . . . . . . „ 8,958.023		
Operation { Ueberschuss . . .	„ 5,435.975	

was eine Gesammtbelastung von fl. 256,730.847 gegen eine
Gesammtbedeckung von fl. 224,051.171, somit einen Abgang von fl. 32,679.676 ergibt. Jedoch ist an der Bedeckung
ein Abstrich von neun Millionen zu vollziehen, um welche,
als Nachwirkung der Missernte, der Cholera, der Börsen-
und Verkehrskrisis, das Erträgniss der direkten Steuern
hinter dem Betrage zurückbleiben dürfte, mit welchem sie
im Juni v. J. in den Staatsvoranschlag für 1874 eingestellt
worden waren (fl. 70,000.905). Regierung und Reichstag
haben diesen, nachträglich vom Finanz-Ausschusse befür-
worteten Abstrich als begründet anerkannt; derselbe hat
auch im Budgetgesetze für 1874 (§. 4, Abs. 2) seinen, wiewohl nicht ziffermässigen, ziemlich verschämten und arg
verzwickten Ausdruck gefunden.*) Diese neun Millionen
in Rechnung gebracht, steigert sich das Voranschlags-Defizit
auf fl. 41,679.676.

Setzen wir rund 42 Millionen. Das macht über sechs-
zehn Prozent des veranschlagten Bedarfes (256·7 Millionen),
oder: für nahe den sechsten Theil des Letzteren fehlt absolut die Bedeckung. Ein ansehnlicher Abgang, namentlich
wenn man bedenkt, dass der Ausgabenstand des laufenden
Jahres — etwa Eine Million für Unterstützung der Noth-
leidenden abgerechnet — nicht nur keine ausserordentlichen, unerwarteten Belastungen zu tragen, dass derselbe
vielmehr sehr bedeutende Streichungen erfahren hat, durch
welche auch so manche unstreitbar nothwendige Auslage
theils beseitigt, theils vertagt worden. Fügt man hinzu, dass
weiters für ein Defizit von dreissig Millionen Gulden zu
sorgen ist, welches das Budgetjahr 1873 trotz des ihm
votirten und auch aufgebrachten Anlehens (54 Millionen)
zurücklässt; dass wir sonach das Jahr 1874 mit einem

---

*) „Der unter den ausserordentlichen Verhältnissen in Folge der thatsäch-
lichen Einnahme etwa hervortretende Abgang bei den ordentlichen Einnahmen:"
so lautet die offizielle Umschreibung des Neunmillionen-Abstriches.

Defizit von zweiundsiebzig Millionen antreten: so
wird man von der Finanzlage des Tages ein allgemeines
Bild gewonnen haben.

Allerdings nur ein allgemeines Bild, und zwar in des
Beiwortes elastischester Bedeutung. Unsererseits wollen wir,
offen sei's bekannt, mit dem Vorstehenden nur der schul-
digen Rücksicht für das Amtliche, für die in Gesetzesform
gebrachte Zusammenstellung genügt haben. Um eine positive und richtige Anschauung von der Lage des ungarischen
Staatshaushaltes auf Grund des Voranschlages für 1874 zu
gewinnen, bedarf es einer näheren Analyse des letzteren
und einer anderen Gruppirung der Einnahms- wie der
Ausgabsposten.

Die angeführte, dem zweiten napoleonischen Kaiser-
reich entlehnte, nach dessen Sturz auch in Frankreich be-
seitigte Dreigliederung des Budgets (ordentlich, ausserordentlich, Kredit-Operationen) ist eine rein willkürliche; sie
entbehrt jeder inneren Berechtigung und kann kaum einen
anderen Zweck, jedenfalls kein anderes Resultat haben, als :
die Erfassung und klare Beurtheilung der Lage zu erschweren. Sie hat auch bei uns sehr wesentlich zur Herbeiführung und Erhaltung des Wirrwarrs beigetragen. Ich
habe dies im Reichstage wiederholt nachgewiesen und nicht
ohne allen Erfolg: bei Abfassung der Staatsvoranschläge für
1873 und 1874 ist dem seitens der Regierung und des
Finanz-Ausschusses zum Theil Rechnung getragen worden.
Wir müssen im Interesse dieser Studie radikaler fürgehen.
Es gilt, von hergebrachten Gruppirungen und Klassifizi-
rungen absehend, mit möglicher Bestimmtheit das jährliche
Soll und Haben des ungarischen Staates festzustellen; zu
ermitteln: wie hoch belaufen sich seine reellen, sicheren
Einnahmen einerseits, seine Lasten und Verpflichtungen andererseits. Diese Ermittlung bietet, so glauben wir, allein
den festen Anhaltspunkt für die objektive Würdigung der

gegenwärtigen Lage sowohl, als für die Forschungen und Bemühungen zu deren gründlichen Aufbesserung.

III.

Suchen wir nun das wirkliche „Haben" des Staates für 1874 festzustellen, so begegnen wir in erster Reihe der als „ordentliches Einkommen" bezeichneten Ziffergruppe. Sie ist im Budgetgesetze mit 202,788.759 Gulden eingestellt, hat somit, nach dem schon erwähnten Abstrich von neun Millionen, nahe 194 Millionen Gulden zu ergeben. Hievon sind jedoch — wenn es gilt, nicht das Nominal-, sondern das wirkliche, für die verschiedenartigen Staatszwecke verwendbare Einkommen zu ermitteln — wesentliche Beträge als blos durchlaufender Natur in Abzug zu bringen. So erscheint das Tabakmonopol in den Einnahmen mit 29,237.346 Gulden eingestellt, hat aber 13,624.262 Gulden Auslagen zu bestreiten, was den Ertrag auf 15,613.084 Gulden herabmindert. Das Salzmonopol erscheint mit einer Einnahme von 14,302.786 Gulden, kostet jedoch 3,345.906 Gulden, lässt somit nur einen Ertrag von 10,956.880 Gulden bestehen. Das Lotto liefert zu den Einnahmen 3,038.700 Gulden, welcher Betrag durch die eigenen Auslagen dieses Dienstzweiges auf 1,106.799 Gulden herabsinkt. Die Staatsgüter und Staatswaldungen erscheinen mit einer Einnahme von 14,926.057 Gulden, welche durch die eigenen Auslagen sich um 8,013.961 Gulden verringert. Die Post figurirt unter den Einnahmen mit 5,404.000 Gulden, lässt aber, nach Bestreitung der Selbstkosten, nur 183.000 Gulden zurück; beim Telegrafendienst absorbiren die Selbstkosten um 91.120 Gulden mehr, als die Einnahmen (2,240.000 fl.) betragen. Die Staatsgestüte liefern zu den Einnahmen 2,049.524 Gulden, welcher Betrag indess von den eigenen Auslagen noch um 696.759 Gulden überholt wird. Endlich erscheinen Bergbau und Münzprägung im Einnahmebudget mit 14,035.602 Gulden, haben jedoch nicht weniger als 13,870.964 Gulden eigene Kosten zu bestreiten, was einen Ertrag von nur 164.638 Gulden zurücklässt.

Die vorstehenden Posten — etwa mit einziger Ausnahme der Gestüte, die besonderer Natur sind — umfassen durchgehends eigentliche Geschäftsbetriebe, welche der Staat theils monopolistisch (Tabak, Salz, Lotto, Post, Telegraf und Münzprägung), theils im freien Verkehr übt (Feldbau, Forstkultur, Bergbau). In dem einen wie in dem anderen Falle hat der Staatsbetrieb, ganz wie der Privatbetrieb, vor Allem die Kosten der Betriebsstätten und -Mittel, des Rohmaterials, der Arbeitslöhne u. s. w. zu decken, welche Kosten natürlich in Abzug zu bringen sind, ehe vom Einkommen des bezüglichen Geschäftsbetriebes gesprochen werden kann. Diese Betriebs- oder Selbstkosten sind es, welche wir soeben, nach den eigenen Angaben des Budgetgesetzes, in Rechnung gebracht. Sie belaufen sich auf mehr als einundfünfzig Millionen (fl. 51,085.797). Doch ist unsere Aufzählung nicht erschöpfend; mehrere Posten ähnlicher Art wurden, weil minder bedeutend, übergangen, z. B. das Budapester Versatzamt, welches 165.000 Gulden zu den Staatseinnahmen liefert, aber ebensoviel kostet. Nicht inbegriffen sind ferner in den vorstehenden Berechnungen die „ausserordentlichen" Ausgaben, womit manche der angeführten Betriebe im Budget für 1874 belastet sind *) und die deren Ertrag noch weiter herabmindern. Beide Elemente zusammengenommen belaufen sich allerwenigstens auf eine halbe Million; vorstehende Totalsumme erhöbe sich dadurch von 51 auf $51\frac{1}{2}$ Millionen Gulden.

Abzüge ähnlicher, wiewohl nicht gleicher Art sind bei den eigentlichen Staatseinnahmen zu vollziehen: die spe-

---

*) Z. B. das Tabakmonopol mit 185,000, die Staatsgüter und -Waldungen mit 588,617, die Gestüte mit 80.000 Gulden.

ziellen Regie- und Erhebungskosten der direkten und indirekten Steuern. Für die Bevölkerung, aus deren Säckel allein immer der Staatsschatz schöpfen kann, besteht allerdings ein sehr fühlbarer Unterschied zwischen diesen Regieund Erhebungskosten einerseits und obigen Betriebs- oder Selbstkosten andererseits; wir kommen auf denselben zurück. Für den Staatsschatz ist das Ergebniss dasselbe; für ihn gilt es immer nur zu wissen: wie viel von einer gegebenen Einnahme als verfügbares Einkommen in sein Jahres-Haben einzustellen ist. Und wenn nach dem Budgetgesetz für 1874 die eigentlichen Auswerfungs- und Einhebungskosten sich bei den direkten Steuern auf 473.000, bei den Verzehrungssteuern auf 233.335, bei den Zoll- und anderen Gebühren auf 552.891 Gulden belaufen; wenn überdies die Steuerämter 1,654.631 Gulden, die Finanz-, resp. Steuer- und Zollwache 2,548.734 Gulden beanspruchen: so findet sich das reelle Einkommen aus diesen Quellen um die angeführten Beträge oder um 5,462.591 Gulden vermindert.

Die Abzüge ($51 + \frac{1}{2} + 5\frac{1}{2}$ Millionen) belaufen sich zusammen auf siebenundfünfzig Millionen. Die in das Budgetgesetz mit 194 Millionen eingestellten „ordentlichen" Einnahmen ergeben somit ein Einkommen oder ein effektives „Haben" von hundertsiebenunddreissig Millionen Gulden. *)

Dasselbe ergänzt sich jedoch durch einige in das „ausserordentliche" oder in das Budget der „Kreditoperationen" eingestellte Posten. Von den meisten, unter diesen zwei Rubriken eingestellten Beträgen lässt sich allerdings sagen, dass sie wohl höchst „ausserordentlich" sein mögen,

---

*) Anlässlich der Unterbreitung des 1874er Budgets im Juni 1873 hatte Finanzminister Kerkapoly (in einer besonderen Beilage) das „ordentliche" Reineinkommen für 1874 auf fl. 144,934.927 geschätzt; da hievon die seitdem an direkten Steuereinkommen gestrichenen neun Millionen abzuziehen sind, verblieben 136 Millionen. Die von uns im Texte ermittelte Ziffer (137 Millionen) ist demnach allenfalls eher zu hoch, als zu niedrig gegriffen.

dass aber nur eine sehr gefällige Fantasie sie als „Einnahmen" betrachten könne. Es handelt sich bald um die „Versilberung" vorhandener Aktiva (Staatsgüter, Werthpapiere), bald um den Aufbrauch früher zurückgelegter Kapitalien (rückerhaltene Vorschüsse), bald wieder um blos durchlaufende Posten, wie das in Einnahmen und Ausgaben mit der gleichen Summe sich beziffernde Spezialkonto der Weinzehntablösung (fl. 3,111.197), oder der Rückempfang der für die cisleithanische Regierung gemachten Tabakeinlösungskosten (fl. 3,942.520). Jedoch finden sich auch einige Posten, welche in Folge ihres positiven Charakters und ihrer, Jahre hindurch anhaltenden Wiederkehr als reelles Staatseinkommen zu gelten haben. Derart sind namentlich: die Ablösungsrate der auf den Theiss-Krongütern angesiedelten Gemeinden (fl. 185.714), die Zinsen der dem Grundentlastungsfonds gemachten Vorschüsse (fl. 1,721.055), der Reinertrag der Kettenbrücke (fl. 455.582), der im Sinne des G.-A. X : 1870 seitens der ungarischen Filialen cisleithanischer Gesellschaften und Unternehmungen zu entrichtende Steuerzuschlag (fl. 227.000), endlich das (ungemein hoch gegriffene) Reinerträgniss der Gömörer Bahnlinien (fl. 413.480); macht zusammen drei Millionen (fl. 3,002.831). Dies zu obigen 137 Millionen geschlagen, stellt sich das effektive Jahreseinkommen des ungarischen Staates auf **einhundertundvierzig Millionen** Gulden.

IV.

Welche Verpflichtungen stehen diesem Einkommen gegenüber, oder: wie hoch beläuft sich das „Soll", das aus vorstehendem „Haben" Deckung finden soll? Indem wir auch diese Frage am Leitfaden des für 1874 votirten Staatsvoranschlages zu beantworten versuchen, werden wir gleichfalls von der willkürlichen Dreitheilung absehen. Ob die

Ausgabe als ordentliche, als ausserordentliche oder unter
die Kreditoperationen eingestellt ist, hat sehr geringe praktische Bedeutung. Von Belang für die Frage des Standes
und der Aufbesserung der Finanzverhältnisse sind ganz
andere Momente, in erster Reihe: der peremptorische oder
fakultative Charakter der Ausgabe.

Der in Allem eminent praktische, auch in Fragen des
verfassungsmässigen Staatshaushaltes altbewanderte Engländer hält mit Recht in seinen Staatsvoranschlägen diese
zwei Arten von Ausgaben streng auseinander. Nur die fakultativen Ausgaben bilden den Gegenstand alljährlicher
Debatten und Feststellungen; die anderen gelten als denselben entrückt, indem sie ihrer Natur nach nur durch
ein besonderes Gesetz oder, weil ein erworbenes Recht
Dritter bildend (Pensionen, vertragsmässige Subventionen,
Zinsen- und Amortisationen u. A.), durch den Gesetzgeber
allein überhaupt nicht geändert werden können. Als Ausgaben dieser Art, denen in erster Reihe und u n b e d i n g t
Rechnung getragen werden muss, sind im ungarischen Budgetgesetz für 1874 zu betrachten:

1. Die auf acht Jahre festgestellte Z i v i l l i s t e (G.-A.
III : 1873), welche sich mit dem Zuschlage (Kabi-
netskanzlei: fl. 74.691) beläuft auf . . . . fl. 4,724.691
2. Der Beitrag zu den gemeinsamen Ausgaben,
welchen (G.-A. XII : 1867, §. 41) nicht der ungarische Reichstag votirt und noch weniger diskutirt „ 29,217.503
3. Pensionen der zwischen 1849—1866 verwendeten
Beamten (fl. 243.392) und unter dem gegenwärtigen
System erworbene Pensions-Berechtigungen . . . „ 2,901.350
4. Vertragsmässiger Beitrag (G.-A. XXX : 1868, mit
Berücksichtigung der neulichen Revision) zu den
Kosten der autonomen Verwaltung Kroatien-
Slavoniens und resp. der entmilitarisirten Grenz-
bezirke . . . . „ 4,842.000
5. Vertragsmässiger Beitrag (G.-A. XV: 1867, §§. 1 u.2)
zu den Verzinsungs-, Amortisations- und Verwaltungskosten der gemeinsamen Staatsschuld . „ 31.286.009

Fürtrag . . fl. 72,971.553

Uebertrag . . fl. 72,971.553

6. Zinsen, Amortisations-, Verwaltungs- und andere
Kosten der Grundentlastung*) . . . . fl.. 18,481.374

7. Zinsen, Amortisations-, Verwaltungs- und andere
Kosten der seit 1867 aufgenommenen ungarischen
Staatsanleihen, und zwar:

a) Eisenbahn-Anlehen (G.-A. 1867: XIII) fl. 5,046.359
b) Lotterie-Anleihe (G.-A. 1870: X) . . 1,237.500
c) Gömörer Oblig. (G.-A. 1871: XXXVII) „ 415.484
d) 30,000.000-Anleihe (G.-A. 1871: XLV) „ 2,054.886
e) 54,000.000-Anl. (G.-A. 1872: XXXII) „ 2,924.063
f) 76'/₂-Millionen-Anleihe (Nov. 1873) . „ 5,000.000

16,678.292

8. Zinsen und Verwaltungskosten der schwebenden
Schuld (ungarische und gemeinsame) . . . . . fl. 244.600

9. Verschiedenen Bahnen durch Konzessionsurkunde
und Gesetz gewährte Zinsengarantie, deren Er-
forderniss für 1874 (sehr niedrig) veranschlagt ist
auf . . . . „ 14,000.000

Zusammen fl. 122,375.809

Von einem auf einhundertvierzig Millionen
Gulden sich beziffernden Jahreseinkommen
sind sonach mehr denn einhundertzweiund-
zwanzig Millionen (122.₄), oder weit über ⁶/₇
unserer Verfügung im Vorhinein entrückt! Die
vorstehend namhaft gemachten Leistungen sind fällig und
pflichtig, ehe der Staatsvoranschlag auch nur entworfen,
und gleichviel, ob er votirt wird oder nicht. Sie müssen, einige unbedingt, andere so lange das System nicht
gründlich geändert wird, von Jahr zu Jahr in das Budget eingestellt, müssen von Jahr zu Jahr votirt werden!
Dabei kann kaum ein Drittheil dieser unverweigerlichen
122.₄ Millionen als mehr oder weniger zur Deckung von
Gegenwarts-Bedürfnissen verwendet angesehen werden (die
Posten 1, 2, 4 und 8 obiger Liste, zusammen 39,028.794 fl.);
die anderen zwei Drittheile bezahlen die Leistungen der

---

*) Die entsprechenden Zuschläge zu den direkten Steuern sind in unsere
Darstellung des effektiven Staatseinkommens mit inbegriffen.

in früherer Zeit nützlich, nutzlos oder gar schädigend auf-
gebrauchten Kräfte (Pensionen) und Kapitalien (Zinsen,
Amortisation).

Diese 122.₄ Millionen vorweggenommen für unver-
weigerliche und permanente Ausgaben, was verbleibt von
den 140 Millionen Staatseinkommen behufs Deckung der
laufenden, so zahllosen als vielgestaltigen **Tages-** oder eigentlich Jahres-Bedürfnisse? Nicht ganz achtzehn
Millionen Gulden für ein Staatsgebiet von 5.600
Geviertmeilen mit einer Bevölkerung von weit über fünfzehn Millionen Einwohner! Kaum 1 fl. 20 kr. per Einwohner für die Kosten der Zentralverwaltung, der Lokal-
verwaltung (Jurisdiktionen), der Gesetzgebung, der Justiz-
pflege, der nationalen Landesvertheidigung (Honvéd), des
Verkehrswesens, des Unterrichtswesens und wie die Anforderungen alle heissen mögen, welche die moderne Gesellschaft an den Staat stellt. Für all' diese Bedürfnisse,
welche um so gebieterischer auftreten, je zahlreichere und
längere Versäumnisse nachzuholen sind, lässt der heutige Stand unseres Staatseinkommens einerseits und unserer unabweichbaren anderweitigen Lasten andererseits, nur 17.₆ Millionen
Gulden jährlich zu unserer Verfügung! ...

V.

Indem wir den Staatsvoranschlag für 1874 zum Ausgangspunkt unserer Betrachtungen über die Finanzlage
nehmen, lässt sich, ehe wir fortfahren, eine Vorfrage kaum
umgehen, die sich bereits mehr denn Einem Leser aufge-
drängt haben dürfte. Es ist die: ob denn auch das 1874er
Budget insoweit als normales zu betrachten ist, um die
Grundlage allgemeinerer Schlussfolgerungen abgeben zu
können? ob nicht etwa in Folge der allbekannten kriti-
schen Verhältnisse (Missernte, Cholera, „Krach") die Lasten besonders gesteigert, die Einnahmen ungewöhnlich

herabgemindert und gerade hiedurch das arge Missverhältniss zwischen Bedarf und Bedeckung hervorgerufen
oder doch wesentlich verschärft worden?

Die zweite Frage ist nach unserer Ansicht entschieden zu verneinen, wodurch erstere eine bejahende Ant-
wort erhält.

Allerdings ist bezüglich der Einnahmen, in Berücksichtigung der Ungunst der Verhältnisse, der schon erwähnte Abstrich von neun Millionen Gulden am Ertrage
der direkten Steuern vorgenommen worden, — von dem
ursprünglichen Voranschlage, der in getreuer Nachbildung
des zu hoch gegriffenen Voranschlages für 1873 sehr
optimistisch gehalten war. Auch nach diesem Abstrich
stellt sich jedoch der veranschlagte Ertrag der direkten
Steuern (61 Millionen) nur um 875.293 Gulden niedriger als
im Budgetgesetze für 1872; dagegen sind, immer im Ver-
gleiche zu 1872, die indirekten Steuern und die Gebühren
(34.$_6$ Millionen) um 4,552.206, der Rohertrag der Monopole
(Tabak, Salz und Lotto, zusammen 46.$_6$ Millionen) um
4,973.382 Gulden höher eingestellt. Wir wissen aber bereits aus den Berichten des Obersten Rechnungshofes, dass
in dem beziehungsweise „guten" Jahre 1872 die wirklichen
Einnahmen sowohl bei den direkten, als bei den Verzehrungssteuern vielfach hinter dem Voranschlage zurückge-
blieben; in noch viel höherem Grade ist dies, soweit die
bisher veröffentlichten vorläufigen Ausweise reichen, für
1873 eingetreten. Bei diesem Stande der Dinge lässt sich
unmöglich behaupten, dass, selbst das Hinzukommen der
Militärgrenze und die missglückten Steuerreformen von
1873 berücksichtigt, die gegen 1872 durchgehends e r h ö h-
t e n Einnahmsziffern des 1874er Budgets willkürlich oder
ausserordentlich herabgedrückt seien, dass sie den Einfluss
von Ausnahmszuständen zum Ausdruck bringen.

Was die Ausgaben betrifft, so sind dieselben durch
die Rücksicht auf die Missgeschicke des Tages nur um die

Eine Million e r h ö h t worden, welche das Budgetgesetz
dem Minister des Innern behufs Unterstützung der Noth-
leidenden zur Verfügung stellt. Das wird aber reichlich
aufgewogen durch die Anstrengungen, welche unter dem
Druck der eisernen Nothwendigkeit allseitig zur H e r a b -
m i n d e r u n g der Ausgabsposten gemacht worden. Es
gilt dies nicht blos von den „ausserordentlichen" Ausgaben, die z. B. beim Kommunikations-Ministerium im Budget
für 1872 sich noch auf 42.₄ Millionen bezifferten und im
1873er Voranschlag auf 18.₃ Millionen reduzirt, im Budget für 1874 weiters auf 13.₆ Millionen herabgedrückt
werden; auch im „ordentlichen" Budget wurde ernstlich
gestrichen. Für Verwaltung der S t a a t s g ü t e r z. B.
sind nur 1,764.660 fl. bewilligt gegen 2,009.867 fl. im
Vorjahre; der F o r s t v e r w a l t u n g waren vor zwei Jahren 7.₂, voriges Jahr gar 9.₇ Millionen, heuer sind ihr nur
5,855.940 fl. bewilligt; die Dotation des B e r g b a u e s ist
gleichfalls um 170.000 fl. gegen 1873 herabgemindert.
Für Bau und Unterhalt der L a n d s t r a s s e n sind nur
4.₈ Millionen angewiesen gegen 5.₆ Millionen, welche im
Jahre 1873 zu diesem Zwecke bewilligt waren; die Dotation der W a s s e r s t r a s s e n ist von mehr denn zwei
Millionen auf 1.₄ Millionen herabgemindert. Das H o n v é d -
Ministerium — wir sprechen immer noch vom „ordentlichen" Budget — musste sich von 6,767.271 fl.
auf 6,298.641 fl. und das J u s t i z m i n i s t e r i u m von
11,500.585 fl. auf 11.238.007 fl. herabdrücken lassen.
Selbst das kärglichst dotirte Unterrichtsbudget musste, zu
1873 verglichen, den Aufwand für L e h r a n s t a l t e n
(3,270.793 fl. für 1873) um 38.298 fl. reduziren, und von
den für „B i l d u n g s z w e c k e" voriges Jahr ausgeworfenen
256.544 fl. den siebenten Theil (37.097 fl.) fahren lassen.

Ob diese, im Budgetgesetze beliebten Abstriche sich
auch thatsächlich werden durchführen lassen? ob andererseits die Einnahmen in Wirklichkeit nicht hinter den Au-

sätzen des Voranschlages zurückbleiben werden? Das mögen wir jetzt nicht untersuchen und könnten es in keinem Falle entscheiden. So viel aber glauben wir aus dem Angeführten folgern zu dürfen, dass unter den gegebenen Verhältnissen, bei den politischen, finanziellen, administrativen und anderweitigen Beziehungen, wie sie gegenwärtig bestehen, die Einnahmsposten des 1874er Budgets nicht zu niedrig, noch weniger die Ausgabsposten zu hoch gegriffen erscheinen. Mit anderen Worten: wir haben es keineswegs mit einem aussergewöhnlich ungünstigen Staatsvoranschlage zu thun. Das 1874er Budget kann vielmehr nach der wiederholten „Bearbeitung", die es seitens der Regierung und des Finanzausschusses erfahren, als typisch, als Durchschnittsbudget gelten; es veranschaulicht ziemlich getreu, was wir beim Fortbestand der gegenwärtigen Organisation im Grossen und Ganzen einerseits an Staatseinkommen zu erschwingen vermögen, andererseits an Lasten zu tragen haben.

VI.

Wir haben aber aus diesem Budget nachgewiesen, dass der ungarische Staat ein wirkliches Einkommen von 140 Millionen Gulden erzielt, hievon jedoch über sechs Siebentel (122.$_4$ Millionen) für permanente unabweisbare Verpflichtungen jahraus jahrein vorweg gewissermassen mit Beschlag belegt, seiner Verfügung entrückt sind; dass sonach für die zahlreichen und vielgestaltigen Bedürfnisse der Zentralverwaltung, der Jurisdiktionen, der Gesetzgebung, der Rechtspflege, der nationalen Landesvertheidigung, des Verkehrswesens, des Unterrichtswesens u. s. w. u. s. w. nicht ganz achtzehn Millionen (17.$_6$) Gulden jährlich verbleiben (Abschnitt III und IV dieser Studie). Dass den Anforderungen dieser vitalen Dienstzweige mit der Riesenquote von 1 fl. 20 kr. per Kopf unmöglich genügt werden

kann, am allerwenigsten bei uns, wo so viel des Ver-
säumten nachzuholen ist, liegt zu sehr auf der Hand, um
des Nachweises zu bedürfen. Einem Staate aber, welcher
unter normalen Verhältnissen, in bleibender Weise den
dringendsten Anforderungen seines Berufes nicht zu genügen vermag, müsste ja nahezu die Lebensfähigkeit und
mit ihr die Existenzberechtigung abgesprochen werden.
Es lässt sich kaum mehr sagen, dass er am Rande des
Bankerotts stehe; er scheint dem Bankerott bereits verfal-
len, auch wenn dieser noch nicht offiziell ausgesprochen ist.

Das klingt, wir fühlen's wohl, betrübend, äusserst betrübend; die eiserne Logik der Thatsachen kümmert sich
jedoch wenig um die Gemüthsstimmung, welche sie erzeugen mag. Seinerseits muss der Arzt über den Jammerschrei
hinwegsehen, welchen die Anlegung der Sonde dem armen
Patienten entreissen mag. Darum wollen und dürfen auch
wir nicht auf halbem Wege stehen bleiben und müssen
bekennen, dass in vorstehender Zusammenfassung noch nicht
die ganze Wahrheit blossgelegt ist.

Unsere Tabelle der unabweisbaren Leistungen (Abschnitt V dieser Arbeit) umfasste nur die mehr weniger
permanenten Ausgaben. Das Budget für 1874 enthält
aber noch manche bedeutende Ausgabsposten, die, obzwar
sie nicht von derselben Natur sind wie die angeführten,
doch keineswegs als fakultativ gelten können; ihrer Verwendung (Fortführung grosser, ohne ernstliche Schädigung
nicht unterbrechbarer Arbeiten) und ihrem Ursprunge ge-
mäss (gesetz- und vertragsmässige Verpflichtungen) mussten dieselben in den 1874er Voranschlag aufgenommen
werden, wie schwer auch deren Unterbringung fiel, und
müssen dieselben, mit Aenderungen blos im Detail, in
den Staatsvoranschlägen der nächsten Jahre wiederkehren.
Ausgabsposten dieser Gattung im Budget für 1874 sind
namentlich: die Fertigbringung des hauptstädtischen Zoll-
amtsgebäudes (fl. 450.000), der Staatszuschuss zum

Bau des Franzenskanals (fl. 1,518.000), der Weiter-
bau der hauptstädtischen Eisenbahn-Verbindungs-
brücke (fl. 1,000.000), der Karlsburg-Fiumaner
Bahn (2.₂ Millionen), der Margaretheninsel-Donau-
brücke (fl. 2,316.000), der Donauregulirungs-Ar-
beiten (fl. 1,620.000), endlich der Ausbau der Gömörer
Industriebahnen*) (fl. 4,789.966). Macht bereits nahe
an vierzehn Millionen (fl. 13,983.066), die von obigem
Achtzehn-Millionen-Rest in Abzug zu bringen wären; der
wirklich verfügbare Rest, dem — Deckung heischend —
die Gesammtmasse der laufenden Ausgaben gegenübersteht,
sinkt dann unter vier Millionen Gulden herab! Wie
gesagt, diese oder Ausgaben ähnlicher Art werden, wenn
nicht Verträge gebrochen, oder bereits verausgabte Millionen ganz hingeopfert werden sollen, in den allernächsten
Jahren unfehlbar wiederkehren. Das Durchschnittsbudget
weist somit 122 + 14 Millionen Gulden pflichtiger, unab-
weisbarer Ausgaben auf und lässt nur vier Millionen des
effektiven Staatseinkommens verfügbar.

So viel absorbirt beinahe schon die kostspielige Zentralverwaltung (Ministerien) allein! Jedenfalls reicht der ge-
nannte Betrag nicht einmal für das bescheidenst dotirte Ministerium aus (fl. 4,340.136); es braucht wohl kaum bemerkt zu
werden, dass hierunter das Unterrichts-Ministerium gemeint
ist, das überdies einen nicht unansehnlichen Theil seiner
mageren Dotation an den Kultus abzugeben hat. Nach
Abzug aller, im Vorhergehenden theils als gesetz- und ver-

---

*) Allerdings soll letztere Ausgabe zu nahe ⅘ aus den Geldern der Gö-
mörer Bahnanleihe, und sollen die zwei vorangehenden Posten ganz aus den Rest-
beträgen der Lotterie-Anleihe bedeckt werden; nur sind diese Gelder — welche
offiziell „fruchtbringend" und mit dem Vorbehalte „freier Verfügung" angelegt
wären — grösstentheils bei der Ostbahn (und der Ersten Siebenbürger Bahn) festgerannt, wo vorläufig an Rückzahlung oder auch nur Verzinsung nicht im Ent-
ferntesten zu denken ist, theils beim hauptstädtischen Baurath, welcher bereits
um mehrjährige Prolongation eingeschritten ist und einschreiten musste, nachdem ihrerseits die Bauthätigkeit des Boulevard-Konsortiums in's Stocken gerathen ist.

tragsmässige, theils als anderweitig unabweisbare, theils
als blos durchlaufende Posten schon in Betracht gezogenen
Ausgaben und mit Beiseitelassung der offiziellen, aber willkürlichen Dreigliederung des Budgets, gestalten sich nach
dem Staatsvoranschlage für 1874 die eigentlichen laufenden Erfordernisse der verschiedenen Dienstzweige, wie folgt:

1. Minister-Präsidium . . . . fl.   329.080
2. **Minister** um die Person des Königs . . . „   60.000
3. **Minister** für Kroatien und Slavonien . . . „   **46.500**
4. **Fiume** . . . . „   88.430
5. **Staatsrechnungshof** . . . . „   150.000
6. **Ministerium** des Innern . . . . „   8,802.920
7. **Ministerium** der Finanzen . . . . „   5,113.783
8. **Ministerium** der Kommunikationen . . . . „   15,965.806
9. **Ministerium** des Handels u. s. w. . . . . . . „ 1,205.707
10. **Ministerium** für Unterricht und Kultus . . „   4,340.136
11. **Ministerium** der Justiz . . . . „ 11,619.007
12. **Ministerium** der Landesvertheidigung . . . . „ 7,777.289

Zusammen . . fl. 55,498.658.

Somit weit über f ü n f u n d f ü n f z i g Millionen laufen-
der Ausgaben, zu deren Deckung **nur** v i e r Millionen aus
dem Staatseinkommen verfügbar stehen! Und wollte man
auch annehmen, — **was** kaum zulässig, — dass die im
gegenwärtigen Artikel namhaft gemachten öffentlichen Arbeiten aufschiebbar, wiewohl in keinem Falle abweisbar
seien, **dass** in Folge dessen der Gesammtrest von achtzehn
Millionen für die **laufenden** Ausgaben verfügbar bleibt, so
stellt sich zwischen **Bedarf und** Mittel noch immer ein
klaffendes Missverhältniss heraus: letztere decken k a u m
d e n d r i t t e n T h e i l d e s e r s t e r e n !

VII.

Angesichts des höchst unerquicklichen Ergebnisses unserer bisherigen Betrachtungen — wonach bei einem Jahreseinkommen von 140 Millionen Gulden nur vier, bestenfalls 17·6 Millionen für die laufenden Ausgaben (55·5 Mil-

lionen) verfügbar **bleiben** — vermag man sich des **staunen-**
den Ausrufes **kaum** zu erwehren: „Wie konnten, **wie durf-**
ten Jene, welchen **die Leitung der** öffentlichen Angelegenheiten anvertraut **war,** es **so weit** kommen lassen, fast
bis zur absoluten politisch-finanziellen Existenzunfähigkeit
des Landes?" Der Ausruf ist sehr begreiflich; begreiflich
auch, wenn mit dem Staunen ein gewisser **Grad** der Entrü-
stung zum Ausdruck gelangt. Eine derartige Ohnmacht zur
Deckung der dringendsten alltäglichen Staatsbedürfnisse,
wie unser **Budget** sie heute bekundet, lässt sich höchstens
als Folge **eines** vernichtenden Krieges oder einer aufrei-
benden Revolution erklärlich finden; dass ein Land in-
mitten des andauernden innern und äussern Friedens in
diese Lage gebracht wird, welche dem Bankerott auf ein
Haar gleichkommt, dafür dürfte in der Geschichte europä-
ischer Verfassungsstaaten Ungarn das erste Beispiel bieten.

Fehlte es an der erforderlichen Einsicht, fehlte **es am**
Willen, die Sachlage **in** ihrer Wahrheit zu erfassen **und**
auf der abschüssigen Bahn, **ehe es** so spät **ward,** Einhalt
zu thun? Die „Einsicht" zu bezweifeln, wäre absurd; genügte doch das allerelementarste Addiren und Subtrahiren,
um das richtige Facit zu finden, um zu erkennen, wie
wir stehen, wohin wir unfehlbar gelangen. Bleibt nur die
andere Annahme: man **wollte** nicht klar sehen — so
lange **dies** irgendwie zu vermeiden war! **Warum** aber
das hartnäckige und so folgenschwere Nichtwollen? . . .
Ich **mag** die Beantwortung dieser Frage nicht einmal versuchen; sie führt nothgedrungen auf **ein** Gebiet, das ich,
um dieser Studie **die** Objektivität möglichst **zu** wahren,
zu vermeiden suche. Bei aller Objektivität **wird** jedoch
wohl die Eine Bemerkung gestattet sein: Die Staatsmänner,
welche das Land in diese **trübe** Lage gebracht, haben die
schwerste Verantwortlichkeit **auf sich** geladen, die einen
Patrioten treffen kann. Das Bewusstsein des angerichteten
Unheils sollte ihnen wenigstens so viel Zurückhaltung auf-

erlegen, dass sie es unterlassen, dem armen Patienten durchaus ihre ärztlichen Dienste aufdrängen und ihm dadurch, absichtlich oder nicht, den Gnadenstoss versetzen zu wollen . . .

. . . Eines muss jedenfalls gründlichst beseitigt werden, wenn die Umkehr und Besserung ernstlich angestrebt werden soll; wir meinen die Täuschungen und Selbsttäuschungen, mit deren Hilfe die gegenwärtige Finanzmisère herbeigeführt und so lange maskirt worden. Nur Ein Beispiel unter vielen. Nach meiner innersten Ueberzeugung hat kaum irgend Etwas so wesentlich zur Verblendung über die Finanzlage und dadurch zu deren steigender Verschlimmerung beigetragen, als die Jahre hindurch in den offiziellen Berichten und Reden aufrecht erhaltene Behauptung: „Nur die ausserordentlichen Ausgaben erzeugen Verlegenheiten, die ordentlichen Ausgaben decken sich reichlich durch die laufenden Einnahmen." Reichstag und Land glaubten es willig, und lustig wurde daraufhin gesündigt und fortgesündigt. Die Behauptung war und ist unwahr. Unsere vorangegangenen Zusammenstellungen lassen diesfalls keinen Zweifel aufkommen. Die Liste unseres Abschnittes IV enthält nicht eine einzige „ausserordentliche", das heisst einmalige, zufällige, abweisbare Ausgabe — und sie absorbirt allein schon über $6/7$ des gesammten öffentlichen Einkommens! Die Liste unseres Abschnittes VI enthält gleichfalls keine „ausserordentlichen", sondern die alljährlichen laufenden Ausgaben — und sie beansprucht mindestens das Dreifache dessen, was aus dem Staatseinkommen zu ihrer Verfügung bleibt! Das spricht, glaube ich, klar und eindringlich genug. Wie unliebsam die Wahrnehmung sei, wir müssen uns mit ihr vertraut machen: wir sind heute bei weitem nicht im Stande, auch nur die ordentlichen, laufenden alljährlichen Ausgaben zu decken. Wenn die Regierung alle ihre Bahn-, Brücken- und andere Bauten und Unternehmen sofort sistirte, **wir hätten** nichtsdestoweniger **gegen** ein starkes Defizit anzukämpfen.

Das muss erkannt, eingestanden und ernstlich beherzigt werden; sonst gerathen wir unfehlbar auf falsche Fährte betreffs der Richtung sowohl, als betreffs des Umfanges der zu ergreifenden Rettungsmassregeln, der anzustrebenden Besserung.

Noch gefährlicher als der eben berührte jahrelange **Wahn** droht **eine** Täuschung oder Selbsttäuschung zu werden, die man, **seit** das Uebel unleugbar geworden, **in** Umlauf zu setzen **sucht**; dies ist der Glaube an eine rasche und leichte Heilung unseres Finanzjammers. Das Wunder soll bewirken: nach dem Einen die Sparsamkeit, nach dem Andern die Dezentralisation, nach dem Dritten die Steuerreform. Wir stehen nicht an, — auf die Gefahr hin, der Schwarzseherei geziehen zu werden, — unsere Ueberzeugung dahin auszusprechen, dass wir weder an eine rasche, noch an eine leichte, am allerwenigsten aber an eine rasche u n d leichte Kur glauben. Wer durch „Unbedachtsamkeiten" aller Art Jahre hindurch den eigenen Lebensorganismus unterwühlt, vergiftet hat, dem kann auch der ausgezeichnetste Arzt, selbst durch die heroischeste Operation, nicht von heute auf morgen die volle Gesundheit wiedergeben; der Patient hat von Glück zu sagen, wenn ihm die Mittel und Wege angezeigt werden, wie er durch ein strenges „Regime" **mit der** Zeit die Gesundheit wieder erringen könne. **Das** gilt für Staaten nicht minder als für Individuen. Die **Nemesis** ist kein blosses Fantasiegebilde. Das Sündigen wäre gar **zu** angenehm und zu verführerisch, wenn eine rasche Wendung nach rechts oder links genügte, um die Spuren desselben **zu** verwischen. Wir müssen der traurigen Lage mannhaft in's Angesicht schauen und uns darauf gefasst machen, dass, wie ernstlich wir auch zu der Operation greifen, wir noch Jahre hindurch an den Nachwehen der bisherigen Versündigung zu laboriren haben werden.

VIII.

Nichts liegt näher angesichts eines starken Defizits, als die Suche nach neuen Einnahmsquellen. Es ist dies — für den empirischen Finanzkünstler — die bequemste Methode zur Herstellung des Gleichgewichtes im Staatshaushalte. „Die vorhandenen Einnahmen reichen nicht aus zur Bestreitung der öffentlichen Ausgaben? Gut, so schaffen wir neue Einnahmen!" .... Das Auskunftsmittel scheint so leicht und ist so verführerisch, dass es nicht mehr die Regierung allein ist, welche dasselbe befürwortet .... Bedeutende Herabminderungen an den Ausgaben, heisst es, sind kaum durchzuführen; bei strengster Revision werden sich da und dort einige Zehntausende oder Hunderttausende, Alles in Allem höchstens sechs oder acht Millionen streichen lassen; auch das wird bald aufgewogen werden durch die steigenden Ausgaben der „kulturellen" Anforderungen an den Staat. Bleibt nichts Anderes übrig, als von den Steuerpflichtigen neue Zuschüsse zu fordern; das Land muss sich entschliessen, mehr zu leisten, nachdem mit dessen bisherigen Leistungen der Staat nicht ausreicht ... Und da beantragt der Eine die Besteuerung der Zündhölzchen und des Petroleums, der Andere die Besteuerung des Papiers und der Zeitungen, der Dritte will die Kontokorrents der Banken und die Sparkassenbüchel einer Progressivsteuer unterwerfen, der Vierte das Kapital im Allgemeinen, der Fünfte gewisse Gewerbsbetriebe, der Sechste die Rente der Staatsschuld besonders besteuern. Die Liste der diesfälligen Anträge ist gedehnt und mannigfaltig ...

Gewiss hat der Fiskus eine lange und vielfingerige Hand; er kann Alles erfassen, wenn das Gesetz ihn dazu ermächtigt. Und gewiss wäre die Ermächtigung zum Erfassen des einen und andern der beantragten Objekte von Erfolg begleitet, wenn man als Erfolg nur die augenblickliche Erzielung eines höheren Ertrages für den Staatsschatz austrebt. Mir will's bedünken, dass der ernste Politiker weiter blicken und Anderes erstreben muss. Jenes Fürgehen wäre am rechten **Orte**, wenn es sich um ein einmaliges zufälliges Defizit handelte, das um jeden Preis durch laufende Einnahmen behoben werden soll. Dies kann auch in den bestgeordneten Staatshaushaltungen eintreten, und wird da für den vorübergehenden Bedarf **eine** vorübergehende Bedeckung geschaffen; England z. B. hat selbst die Kosten des Krimfeldzuges im ersten Kriegsjahre nicht durch Anlehen, sondern durch Erhöhung der Einkommensteuer beschafft. **Ganz** anders ist u n s e r e Lage: Wir stecken seit Jahren im Defizit und sind auf Jahre hinaus zum Defizitbudget verurtheilt. Da kann und darf nicht die augenblickliche Vermehrung des fiskalischen Ertrages das ausschlaggebende Element bilden; da gilt es, d a u e r n d e **Erfolge** zu erzielen durch Entwicklung der allgemeinen S t e u e r f ä h i g k e i t. Da muss von Fall zu Fall ängstlich geforscht und sorgfältigst ermittelt werden, ob nicht durch die Einführung gewisser Steuern jene Entwicklung g e s c h ä- d i g t und dadurch von dem erstrebten Ziele: bleibende Besserung der Staatsfinanzen, Sicherung ihrer Zukunft, das gerade Gegentheil erreicht wird?

Die eigentliche moderne I n d u s t r i e ist bei uns erst im Werden begriffen; sie hat mühevoll zu ringen gegenüber der hoch entwickelten, durch billigeres Kapital, **zahlreichere** Arbeitskraft und höhere Massenbildung begünstigte Gewerbethätigkeit des Nachbar- und des Auslandes. Unser H a n d e l ist noch sehr primitiver Natur; nächst dem Kapitalsmangel erschweren seine Entwicklung: der Abgang einer rationellen Handelsgesetzgebung, der Abgang von Handelsverträgen mit den **uns** zunächst berührenden Ostländern, der unentwickelte Zustand der inneren und der internationalen Kommunikations-Linien. Selbstverständlich hat hierunter auch der F e l d b a u zu leiden; es fehlt jene Industrie, welche seinen Erzeugnissen durch unmittelbare Aufarbeitung die höchste Verwerthung sichere; es fehlt jene Handelsthätigkeit, welche seinen Produkten den stetigen und vortheilhaften Absatz in der Ferne vermittle. Wär's unter solchen Verhältnissen nicht gewagt, um eines momentanen Erträgnisses willen die volkswirthschaftliche Entwicklung noch mehr zu erschweren? Die bleibende wirthschaftliche Schädigung könnte oft den momentanen fiskalischen Nutzen übersteigen. Noch heikler ist die Frage der direkten Belastung des **Geldverkehres.** Für Ungarn ist es geradezu Existenzfrage, möglichst viel Kapital zur Befruchtung und Hebung seiner brachliegenden Naturschätze heranzuziehen, festzuhalten. Es fällt dies bekanntlich schon heute schwer genug, dem Staate ebenso **wie den** Privaten; die Bedingungen der letzten Anleihe, der Kours unserer Rente bekunden es nur zu sprechend. Wie würde es erst, wenn wir durch neue, besondere Belästigungen dem Kapital vollends die Lust austrieben, auf staats- oder volkswirthschaftlichem Gebiete **in Ungarn** Verwendung zu suchen? Der scheinbare fiskalische Ertrag **solcher** Massnahmen könnte das Land schwer schädigen, aber auch dem Staatsschatz selbst theuer zu stehen kommen.

Mit dem Gesagten will ich keineswegs die Idee der Steuererhöhungen und Steuereinführungen abgewiesen, wohl aber gegen die Leichtigkeit reklamirt haben, mit welcher die Denkfaulheit auf der einen und der Pessimismus auf der anderen Seite diese Idee annehmen, befürworten. Auch diese Frage hat ihre zwei Seiten. Auch hier ist — um mit Bastiat zu sprechen — das gleichfalls zu sehen, was man nicht sieht, das heisst auch die Kehrseite der Medaille zu beachten.

IX.

Die allgemeine und direkte Einkommensteuer, deren Einführung neulichst von einer anerkannten Finanz-Kapazität beantragt worden, entzieht sich bis zu einem gewissen **Grade den** Bemerkungen, welche wir soeben hinsichtlich der etwaigen besonderen Neubesteuerung einzelner Verkehrs- und Erwerbszweige vorgebracht. Der Antrag imponirt durch sein nettes und klares Wesen; er besticht durch seine fiskalische Bedeutsamkeit: die neue Steuer soll f ü n f z e h n M i l l i o n e n Reinertrag liefern! Uebrigens ist dies, wenigstens meines Wissens, **der** einzige positive Vorschlag, welcher bisher bezüglich der Einführung neuer Steuern von beachtenswerther Seite gemacht worden. Gründe genug zur eingehenden Würdigung desselben in dieser Zeit **der** allgemeinen Suche nach Mitteln zur Herstellung des Gleichgewichtes im Staatshaushalte.

Ich bin meinerseits entschiedener Anhänger des Systems der d i r e k t e n Steuern, und **würde** es als wesentlichen Fortschritt betrachten, wenn dieselben bei uns und anderwärts in steigendem Masse den Vortritt vor den indirekten Steuern erlangten, sie **am** Ende vielleicht verdrängten. Die **direkte Steuer** und vorzugsweise die Einkommensteuer kann mehr weniger der Leistungsfähigkeit der Besteuerten eingepasst werden; **von** den indirekten Steuern ist es bekannt, dass **sie** in der Regel (Accise u. s. w.) gerade die weniger bemittelten Bevölkerungsschichten härter treffen. Auch kann die direkte Steuer bezüglich der Erhebungsperiode den speziellen Verhältnissen jeder Klasse Rechnung tragen (nach Ernte, Weinlese, Wollschur bei Landwirthen, Zinsquartal bei Hausbesitzern u. s. w.), während die indirekte Steuer den Pflichtigen unablässig **verfolgt** und immer **gerade in d e m** Momente, **als er** für andere unerlässliche Bedürfnisse zu sorgen hat, unabweisbar fordernd an ihn herantritt. Endlich **entspricht** die direkte **Steuer** dem Wesen des Verfassungsstaates, wo der Bürger klar wissen soll, w a s **er** leistet, **weil** ja er selbst darüber entscheidet, w o z u er leistet, wie seine Leistung verwendet wird; die indirekte Steuer gehört ihrer Natur nach in den offen- **oder** verdeckt-absolutistischen Staat, wo der

Pflichtige, nicht wissend, wofür und wozu er leistet, auch über das Was im Dunkeln bleiben soll.

Zu dieser Ansicht bekennt sich fast einmüthig die moderne staats- und volkswirthschaftliche Schule. Trotzdem hat noch kein beachtenswerther Vertreter derselben im praktischen Staatsleben die völlige **Beseitigung** der indirekten Steuern zu beantragen für gut befunden; höchstens wäre Emil Girardin zu nennen, dem bekanntlich **das** klingende Wortspiel und die schillernde Antithese über die Richtigkeit des Gedankens geben und der in diesem Sinne seit Jahrzehnten für den „impôt u n i q u e" gegen den „impôt i n i q u e" federkämpft . . . Warum jene allgemeine Zaghaftigkeit, die theoretischen Wahrheiten in's Thatsächliche zu übersetzen? Weil Boden und Verhältnisse für's Gedeihen derselben noch fehlen. Die demokratische Einrichtung der ausschliesslich direkten Steuer oder **Steuern** erheischt eine demokratische Staats-Organisation, **wo** die Steuerpflichtigen nur für wirklich gemeinnützige Zwecke aufzukommen haben, wo **jeder Belastung des** Landes **ein** unbestreitbarer Vortheil für dasselbe **entspricht.** Das ist noch lange nicht der Fall heute, wo fast **in allen Staaten** Europa's die Zinsen der öffentlichen **Schuld** und die Kosten des gepanzerten Friedens, also **frühere und** gegenwärtige Versündigungen gegen **die** gesunde Staatswirthschaft und gegen den Säckel der Steuerpflichtigen, einen sehr wesentlichen Theil des **Staatseinkommens** verschlingen. Da lässt sich mit der ungeschminkten Wahrheit der direkten Steuer allein kaum ausreichen; da **muss die** Vertuschungsmethode der indirekten Steuern, die Kunst: die Taschen der Steuerpflichtigen zu leeren, ohne dass sie es merken, **in** grösserem oder geringerem Masse nachhelfen, **je nach** Bedarf.

Bezüglich Ungarn's ist dieser „Bedarf" ein sehr fühlbarer. Wo **die** Zinsen früherer Schulden und die Kosten der stehenden Armee über **zwei Fünftel** des Staatseinkom-

mens beanspruchen, da wird es nahezu unmöglich, die Bedeckung ausschliesslich auf direktem Wege zu beschaffen.

Dazu kommen andere Eigenverhältnisse des **Landes,**
welche die zu starke Inanspruchnahme der direkten Steuer
untersagen. Auch wenn sie keine eigentliche Repartitions-
Steuer*) **ist,** muss die direkte Steuer eine gewisse Stetigkeit haben betreffs des Gesammtbetrages wie der Verthei-
lung im Grossen; andernfalls wird die alljährliche **Aus-
werfung und die** Einhebung dem Staat mehr Kosten und
Mühen, der Bevölkerung mehr Chikanen und Plackereien
verursachen, als die Steuer werth sein mag. Diese Stetigkeit
der Belastung **ist aber nur** dort theoretisch und praktisch
gerechtfertigt, wo seinerseits das Nationaleinkommen, von
welchem die Steuer behoben wird, wenigstens im Grossen
und Ganzen einer gewissen Stetigkeit geniesst. Das ist
wirklich **der Fall** in Ländern **von** hoher wirthschaftlicher
Entwicklung. Da **wirken** Ackerbau, Gewerbe und Handel
unter tausend Formen und Kombinationen zusammen zur
Ernährung der Bevölkerung; sie ergänzen und korrigiren
einander; wenn zufällig in dem einen Jahre natürliche oder
andere Missfälle bei hundert Erwerbszweigen eine Ertrags-
verminderung herbeiführen, wird sie in der Regel durch
eine entsprechende Ertragssteigerung bei hundert anderen
Erwerbszweigen mehr oder weniger ausgeglichen werden.
Das gilt durchaus nicht unter den eigenthümlichen **volkswirthschaftlichen** Verhältnissen, **wie sie zur Zeit noch in
Ungarn** bestehen. Das abgelaufene **Jahr hat es abermals**
in traurigst eindringlicher Weise bekundet: **der Feldbau**
bildet bei uns die einzige Grundlage des Nationaleinkommens, und diese einzige Grundlage ist fast ausnahmslos
den Launen der Natur überliefert! Wissenschaft, Fleiss und
Kapital, die in einer rationellen Bodenkultur die mensch-

---

*) Wo **nämlich** das Budgetgesetz im Voraus die Totalsumme feststellt,
welche die betreffende Steuer einbringen muss, und die dann auf die verschiedenen Pflichtigen vertheilt wird.

liche Intelligenz zur Geltung bringen und die störenden ele-
mentarischen Einflüsse bald beseitigen, bald abschwächen:
— sie spielen bisher nur eine sehr untergeordnete Rolle in
unserer **Bodenkultur.** Wir schwimmen im Ueberflusse, wenn
die Witterungs-Verhältnisse günstige waren, und darben
schier, wenn's anders fiel. Dem **entsprechend** wird auch unsere Leistungsfähigkeit, werden auch **die Ansprüche,** welche
der Staat an sie stellen **darf,** mit Aussicht auf Erfolg an
sie stellen **kann,** den grössten Schwankungen ausgesetzt
sein; 1867 und 1868 leisten wir spielend das Dreifache
dessen, was 1873 und 1874 erdrückend sein mag. Die indirekte Steuer schmiegt **sich bis zu** einem gewissen Grade
von selbst diesen jährlichen Schwankungen des Volkswohlstandes und seiner Leistungsfähigkeit **an.** So wird in guten
Jahren der Verkehr in Mobilien und Immobilien, der Ver-
brauch an Bier, Wein, Kaffee, Zucker **u. s. w.** wesentlich
steigen, in Folge dessen Stempel, Accise, Steuern u. s. w.
einen höheren Ertrag liefern; das Umgekehrte tritt in
schlechten Jahren ein und der Steuerpflichtige **hat** weniger
an den Staat zu leisten. Wie ist dieses selbstwirkende Aus-
gleichs-System bei der unbeugsamen direkten Steuer zu-
wege zu bringen? Besteht der Staat auf seinem Schein, so
erdrückt er die Bevölkerung; unterlässt er es, so steigert
sich mit den Steuerrückständen die Last der Bevölkerung
und die Verwirrung im Landeshaushalte.

X.

Bequemer freilich wär's, **nicht** auf ein Einkommen
angewiesen zu sein, welches die Gunst oder Ungunst des
Jahres so unmittelbar nachempfindet; allein die Finanz-
Organisation und Verwaltung haben sich den gegebenen
Zuständen **zu** fügen, nicht umgekehrt. Das verlangt schon
die elementarste Billigkeit, das gebietet auch die einfachste
Staatsklugheit, — schon deshalb, weil der Versuch zur Er-

zwingung des **Gegentheils** voraussichtlich erfolglos wäre;
die Persistenz unserer Steuerrückstände bekundet es zur Ge-
nüge. 1872 gehörte **noch nicht** zu den eigentlich schlechten
Jahren; demungeachtet haben sich im Laufe des Jahres die
Rückstände **bei den** direkten Steuern allein um 3,799.929
Gulden vermehrt und auf 32,097.432 Gulden gehoben; ebenso haben sich bei den Gebühren, welche eigentlich zwischen
direkter und indirekter Steuer die Mitte halten, **die** Rückstände um 1,436.225 Gulden gesteigert und — **bei einem**
gesammten Jahresertrag **von** 10,822.100 Gulden — **auf**
nicht weniger denn 16,027.687 Gulden erhöht.

Allerdings **mag hiebei** böser Wille und üble Ange-
wohnheit mit unterlaufen; auch Berechnung ist im Spiele,
indem gerade „gute Wirthe" es zuweilen **als** eine vortreff-
liche Geschäfts-Operation betrachten sollen, bei einem lan-
desläufigen Zinsfuss von 10 **bis** 12 Prozent die fälligen
Steuergelder zurückzubehalten, was ja nur sechs Prozent
Verzugszinsen kostet; neulichst wurde all' dem gegenüber
wiederholt mit einer „drastischen" Massregel g e d r o h t : der
Veröffentlichung einer Namensliste aller grösseren Steuer-
rückständler. Traurig genug, wenn **bei** den oft rücksichts-
losesten Exekutionen, welche gegen die ärmsten Steuerpflichtigen in's Werk gesetzt werden, der Regierung der
Muth und die Kraft abgeht, den bedeutenderen Säumigen
gegenüber auch nur einen T h e i l dieser Strenge anzuwenden. Hingegen **treibt sie** seit einiger **Zeit** auch Gefühls-
politik und appellirt bald an den Patriotismus, **bald an die**
Ritterlichkeit ihrer harthändigen Schuldner. Sonderbare
Auffassung und sonderbares Fürgehen! Gesetzlich ausge-
worfene Steuern hat die Regierung e i n z u f o r d e r n , nöthi-
genfalls durch ihre Organe e i n z u t r e i b e n , keinesfalls zu
e r b i t t e n oder zu erpredigen. Homilien sind ein eigen-
thümlicher Finanzbehelf . . . . . Aber welches immer die Ur-
sachen der anhaltenden Steuerrückstände seien; ihre Beharrlichkeit macht sie zu einer Art nationaler Einrichtung

oder doch nationaler Krankheitserscheinung, mit der gerechnet werden muss. Die Regierung wurde übrigens vom Reichstag **wiederholt zur** „Versilberung" der Steuerrückstände durch Kontrahirung einer schwebenden Schuld auf Grundlage derselben aufgefordert. Es ist, trotz aller Noth des Staatsschatzes, bisher in dieser Richtung nichts geschehen. Beweis genug, welch' geringen Grad von Vertrauen in die volle und leichte Einbringlichkeit der Steuerrückstände **die** Regierung hegt und einzuflössen weiss.

Das sind Thatsachen, positive Verhältnisse, über welche **der praktische Politiker** und Finanzmann nicht hinweggehen **kann. Ich möchte aus** denselben folgern, dass, s o l a n g e **n i c h t** u n s e r e v o l k s w i r t h s c h a f t l i c h e n Z u stände eine gründliche Umgestaltung erfahren h a b e n, a n d i e d i r e k t e S t e u e r w e s e n t l i c h h ö h e r e Z u m u t h u n g e n a l s d i e g e g e n w ä r t i g e n k a u m g e stellt werden dürfen. Durch zweckmässige Reformen betreffs Anlage und Vertheilung kann der Ertrag der einen und anderen direkten Steuergattung erhöht werden; es scheint mir aber n i c h t zulässig, die bestehenden direkten Steuern durch eine neue Einkommensteuer (und noch dazu in dem ansehnlichen Betrage von fünfzehn Millionen Gulden) **zu** vermehren, nachdem durch Grund-, Haus-, Einkommen- und Personal-Erwerbsteuer ohnehin alle Einkommensweisen unmittelbar belastet sind.

„Aber wenn derart schon bei der Organisation unseres Steuerwesens den Schwankungen und Sprüngen des Volkserwerbes Rechnung getragen werden soll, so vermögen wir ja überhaupt nicht auf ein sicheres und stetiges Staatseinkommen zu rechnen, folglich auch nicht auf einen entsprechend geordneten Staatshaushalt". Ganz richtig. Es ist dies eben auch eine jener unliebsamen Wahrheiten, **mit denen wir** uns, nachdem die Stunde der Ernüchterung geschlagen, vertraut machen müssen. Ja wohl, so lange das N a t i o n a l - Einkommen bei uns allen Launen des

Zufalls preisgegeben ist, und je nach Regen oder Sonnenschein von einem Jahre auf's andere oft um hundert Perzent und darüber wechselt, kann von einer auch nur
beziehungsweisen Sicherheit und Stetigkeit des Staatseinkommens kaum die Rede sein. Die volkswirthschaftliche Reform und Aufbesserung bildet
sonach die unerlässliche Vorbedingung, die
einzig sichere Grundlage der staatswirthschaft-
lichen Gesundung Ungarns.

XI.

Kaum dürfte es Jemand überraschen, dass unsere
heutigen Regierungsmänner, denen wir ja den gegenwärtigen Finanzjammer grösstentheils zu danken haben, in
erster Reihe eben zu dem empirischen, scheinbar so leichten
Mittel der Steuererhöhung greifen. In dem summarischen
Staatsvoranschlag für 1875—77, welchen die Regierung
letzthin veröffentlichte, bildet eine Erhöhung der direkten
Steuern um nahe elf Millionen Gulden (10,830.584) — und
zwar über die im heurigen Budget gestrichenen neun Millionen hinaus, was ein Mehr von zwanzig Millionen ergibt
— das hauptsächlichste Mittel, wodurch man das Defizit
für 1875 auf 21 Millionen herabzumindern hofft. Diesen
positiven Anträgen gegenüber ist vielleicht zur Abweisung
mehr erforderlich, als die vorstehende allgemeine Ausführung über die Unthunlichkeit: unter den gegebenen volkswirthschaftlichen Verhältnissen Ungarn's, in der Steuererhöhung und besonders in der Erhöhung der direkten
Steuern, ein Mittel zur Behebung des Defizits zu suchen
Seien auch wir positiv und erklären wir rund heraus, dass
wir diese Anträge für unannehmbar halten, weil —
wir wollen es beweisen — Ungarn, sei es im Vergleich zu
anderen europäischen Staaten, sei es an sich selbst betrachtet, im Verhältniss zu seiner gegenwärtigen volks-

wirthschaftlichen Entwicklung und zu seiner Leistungsfähigkeit jedesfalls mit Steuern hinreichend
belastet, wo nicht gar bereits überbürdet ist.

Bei Würdigung der **Steuerbelastung** hat natürlich die
früher von anderen Gesichtspunkten aus gemachte Unter-
scheidung zwischen Nominal- und **Effektiv-Einkommen** des
Staates (Abschnitt III) wegzufallen; auch **was** nicht als
verwendbares **Erträgniss** in den Staatsschatz fliesst, muss
nichtsdestoweniger von der Bevölkerung aufgebracht, aus
ihrem **Säckel** bestritten werden (Kosten der Steuerämter,
Kosten der Erhebung und Eintreibung der Steuern u. s. w.).
In Abzug zu bringen **wären** allerdings jene Summen, welche
blos durchlaufende Posten, **und** jene Beträge, welche keine
eigentliche Steuerleistung, sondern **den** Entgelt für einen
wirthschaftlichen Werth oder Dienst bilden. Da jedoch
derartige Posten und Beträge in den Staatsvoranschlägen
fast **aller** Staaten erscheinen, andererseits uns die Behelfe
fehlen, **um an den** fremden Budgets **die** strenge Ausschei-
dung durchzuführen, so wollen oder eigentlich müssen wir
behufs der Vergleichung überall **den** gesammten unver-
kürzten Staatsvoranschlag in's Auge fassen, — in der hin-
länglich begründeten Voraussetzung, dass jene störenden
Einflüsse verhältnissmässig überall nahezu dieselben sind.
Unsere Staatsvoranschläge beziffern **für** die drei letzten
Jahre (1872—74) den Gesammtbetrag der Ausgaben auf
294, 256·8, 256·7 **Millionen**, zusammen 807·5, was einen
Jahresdurchschnitt von 269·2 Millionen ergibt. Setzen wir
rund: zweihundertsiebenzig Millionen Gulden. Das macht,
auf 15$\frac{1}{2}$ Millionen Einwohner vertheilt, einen Betrag von
17 fl. 42 **kr.** per Kopf der Bevölkerung, oder 87 fl. 10 kr.
für die fünfgliederige Familie. **Wie steht's** anderwärts,
immer die allerneuesten Daten berücksichtigt, in dieser
Beziehung? **Cisleithanien's** Ausgabenbudget beziffert
sich auf 390 Millionen Gulden **bei** einer Bevölkerung von
20·4 Millionen Einwohner. **Belgien** verausgabt 201·3

Millionen Franks bei einer Bevölkerung von 5·1 Millionen
Einwohner, Dänemark 23 Millionen Rigsdalers bei 1·8
Millionen Einwohner, Spanien 627·4 Millionen Pesetas bei
16·8 Millionen Einwohner, England 71 Millionen Pfund
Sterling bei 31·9 Millionen Einwohner, Italien 1542·6
Millionen Lire bei 26·8 Millionen Einwohner, Holland
97 Millionen holländ. Gulden bei 3·7 Millionen Einwohner,
Portugal 28·7 Millionen Milreis bei 4·4 Millionen Einwohner, Russland 517·3 Millionen Rubel bei 69·4 Millionen Einwohner, Schweden 60·4 Millionen Reichsthaler
bei 4·3 Millionen Einwohner, Norwegen 5·6 Millionen
Speciesthaler bei 1·8 Millionen Einwohner, Schweiz
70·6 Millionen Franks bei 2·7 Millionen Einwohner; —
wir übergehen Frankreich und Deutschland, da
diese beiden Staaten in Folge der grossartigen Ereignisse
der letzten Jahre in voller Umwandlung begriffen sind,
daher keine Normalverhältnisse darbieten ... Wollen wir
nun, der leichteren Vergleichbarkeit halber, die verschiedenen Geldsorten zum Tageskourse in Francs umsetzen,
so erhalten wir folgende Zusammenstellung:

Land	per Kopf			per Familie		
Belgien	39 Fr.	47	C.	197 Fr.	35	C.
Dänemark	35 „	78	„	178 „	90	„
Spanien	37 „	35	„	187 „	75	„
England	55 „	65	„	278 „	25	„
Italien	57 „	56	„	287 „	80	„
Holland	57 „	68	„	288 „	40	„
Portugal	39 „	92	„	199 „	60	„
Russland	29 „	82	„	149 „	10	„
Schweden	19 „	80	„	99 „	40	„
Norwegen	17 „	73	„	88 „	65	„
Schweiz	26 „	15	„	130 „	75	„
Cisleithanien . .	43 „	2	„	215 „	10	„
Ungarn	39 „	19	„	195 „	95	„

Ich mag den vorstehenden Ziffern keine unbestreitbare
Authentizität zusprechen; im Grossen und Ganzen geben
sie jedoch ein wenigstens annäherndes Bild der bezüg-

lichen Budgetverhältnisse. Da zeigt sich denn, dass der
Ungar an den Staat bedeutend mehr zu leisten hat, als der
Däne, der Spanier, der Russe, der Schwede, der Norwege
und der Schweizer. Dass er nun gar so wesentlich leistungsfähiger sei, als die Erstgenannten, lässt sich jedenfalls
stark anzweifeln; unbestreitbar hingegen ist, dass der Ungar
an Erwerbs- und folglich an Steuerfähigkeit weit hinter
dem Helvetier zurücksteht, und doch zahlt er 50 Procent
mehr als dieser! Wir gewahren ferner, dass der ungarische
Staatsbürger beinahe so stark in Anspruch genommen ist,
als der Belgier; dass er nur um ein Zehntel geringer belastet ist, als der Cisleithanier; dass er über zwei Drittel
dessen zu leisten hat, was vom Engländer und Holländer
verlangt wird. Wer wird es aber in Abrede stellen, dass
Wohlhabenheit und Leistungsfähigkeit bei uns lange nicht
an die zwei Drittel der englischen oder holländischen Wohlhabenheit und Leistungsfähigkeit hinanreichen; dass wir
diesbezüglich um m e h r als eine Zehntelslänge hinter
Cisleithanien zurückstehen, und in meilenweiter Entfernung
hinter dem volkswirthschaftlichen Musterlande Belgien zurückbleiben, dessen Einwohner nur um 28 Cent. stärker
belastet sind? Belgier, Engländer und Holländer ertragen
unzweifelhaft eine Steuer von 100 Gulden per Kopf leich-
ter, als der Ungar im Durchschnitt eine solche von 50 Gulden erträgt.

XII.

Wir gelangen im Wesentlichen zum selben Ergebnisse,
wenn wir, Ungarn a l l e i n berücksichtigend, uns dadurch
eine detaillirtere Analyse ermöglichen. Wir wissen bereits,
dass für 1874 nach vielfachen Streichungen die Ausgaben
auf 256·7 Millionen veranschlagt sind. Ganz so hoch beläuft sich jedoch nicht die Last, welche der Bevölkerung
für Staatszwecke auferlegt ist. Es sind, von blos durchlaufenden Posten (3,942.520 fl.) abgesehen, namentlich die

Selbst- oder Erzeugungskosten gewisser vom Staate betrie-
bener Verkehrszweige (Tabak- und Salzmonopol, Post,
Telegrafen und Staatseisenbahnen) abzuziehen, die sich im
Budget für 1874 auf 31,760.776 Gulden belaufen; mit
dieser Summe bezahlt das Publikum nur das, was die bezüglichen Objekte und Leistungen dem Staate selbst kosten,
und was das Publikum, wenn es sich dieselben auf anderem Wege zu verschaffen hätte, mindestens bezahlen müsste;
ich sage mindestens, weil doch die Privatindustrie
ihm den Tabak, das Salz, die Brief- und Depeschenbesor-
gung, die Personen- und Frachtenbeförderung nicht um den
Kostenpreis liefern würde. In dieselbe Kategorie lassen sich
vielleicht auch die Kosten für Staatswaldungen und Güter
wie für die Staatsbergwerke (zusammen 21,491.564 Gulden) einbeziehen, wiewohl es, da diese drei Betriebe, theils
absolut, theils relativ, Jahr für Jahr sich passiv stellen,
unbestreitbar ist, dass im Privatbetriebe die Selbstkosten
nicht so hoch kommen dürften, da sonst der Betrieb
aufhören müsste. In Abzug zu bringen sind endlich beim
Lotto 1,931.901 Gulden Selbstkosten, deren grösster Theil
dem Publikum in Form von Gewinnsten zurückerstattet
wird. Die angeführten Posten ergeben einen Betrag von
59,126.761 Gulden. Schlagen wir, um allen Bemänglungen
auszuweichen, weitere 6—7 Millionen für kleinere Posten
ähnlicher Natur hinzu, die vorstehend nicht namhaft gemacht werden. Beide Beträge von obigen 256·7 Millionen
abgezogen, verbleiben rund hundertundneunzig Millionen, welche die Bevölkerung Ungarns alljährlich für
Staatszwecke aufzubringen hat, — womit natürlich
nicht gesagt ist, dass dieser Betrag auch wirklich für
Staatszwecke verfügbar bleibt und verwendet wird (s. Abschnitt III—IV). . . . . Vermag die ungarische Bevölkerung
mehr zu leisten? Vermag sie auch nur so viel zu
leisten? Ich getraue mich nicht einmal die zweite Frage
kurzweg zu bejahen.

38

Die rationelle Staats- und Volkswirthschaft betrachtet es schon als hochgeschraubten Steuersatz, wenn im Durchschnitt den Bürgern **zwanzig** Perzent ihres Jahreseinkommens **für** Staatszwecke **abverlangt** werden. Seien wir freigebiger **oder** patriotischer, gemeinsinniger: lassen wir **25 Perzent noch als** annehmbaren **Steuersatz gelten.** In diesem Falle würden die 190 Millionen, **welche** die Bevölkerung Ungarns für Staatszwecke aufzubringen hat, ein National-Jahreseinkommen **von** $4 \times 190 = 760{,}000{.}000$ Gulden voraussetzen. Ich halte die Annahme, dass ein **solches** wirklich erzielt werde, als durchaus unzulässig. Wo, auf welchem **Gebiete der Erwerbsthätigkeit? Mit Recht gilt Ungarn als** Ackerbaustaat in erster **Reihe;** von 5,866.885 **über vierzehn Jahre** alten männlichen Individuen, deren Beschäftigung anlässlich der **Volkszählung** von 1870 nachgewiesen **war** *), fanden nicht weniger als 3,690.509 beim Feldbau Beschäftigung und Erwerb, **also an 63** Perzent der Gesammtheit. Welches Einkommen **liefert nun** diese Hauptquelle, die **für** zwei Drittel **der Bevölkerung die** Beschäftigung und die Existenzmittel **spenden soll?** Der offizielle, **auf** den Katastralaufnahmen beruhende **Ausweis,** welchen **das Finanzministerium** seinem neulichen Gesetzvorschlage über die **Reform der** Grundsteuer **beigeschlossen** hat, gibt **den Reinertrag des Gesammtbodens** in Ungarn, Siebenbürgen, **Kroatien und Slavonien auf** 122,253.925 Gulden **jährlich an. In dieser** Summe **ist die** Militärgrenze nicht inbegriffen. Wenn wir das Reinerträgniss ihrer 2,033.619 Joch durchschnittlich dem Reinerträgniss **des ungarisch-**siebenbürgisch-kroatischen Areals (46,546.591 **Joch)** gleichsetzen, so **ist obige** Summe um 5,368.**754 Gulden zu ver**mehren. Das ergibt einen Gesammtbetrag **von** 127·6 Millionen Gulden. Wir wissen allerdings, dass **an** vielen Orten die Katastraleinschätzungen **des** Ertrages von vornherein zu

---

*) Nicht inbegriffen 1.369.312 Taglöhner, die doch wohl zum überwiegend **grössten** Theile gleichfalls beim Feldbau Beschäftigung finden.

niedrig gegriffen waren, dass sie an vielen anderen Orten durch die seitdem durchgeführten Meliorationen stark überholt worden; Kerkapoly schätzte die doppelte Differenz auf ungefähr 13 Perzent und wollte durch die Korrektion derselben die jährliche Grundsteuer (ohne den Zuschlag) von 26·6 auf runde 30 Millionen bringen; wir wollen gerne die Differenz viermal so hoch schätzen, dem entsprechend und mit Einrechnung des kleinen Bruchtheiles der zeitweilig steuerfreien Bodenanlagen obigen Reinertrag um 50 Perzent steigern, sonach auf 191·4 Millionen veranschlagen. Ich will annehmen, — was gewiss sehr stark ausgreifen heisst, — dass der sonstige Grundbesitz (Häuser etc.) den gleichen Ertrag liefert; ich will ferner annehmen, — was gleichfalls weit über die Wahrscheinlichkeit hinausreicht, — dass jenes Eine Drittheil der Bevölkerung, welches nicht beim Ackerbau beschäftigt ist, allein dasselbe Jahreseinkommen erzielt, als die zwei Drittheile der Bevölkerung, welche diesem Haupterwerbszweige angehören. Macht Alles in Allem 191·4 + 191·4 + 191·4 = 573·2 Millionen Gulden. Wir stehen also noch weit ab von jenen 760 Millionen Gulden, auf welche sich das jährliche National-Jahreseinkommen belaufen müsste, wenn als dessen fünfundzwanzigperzentige Quote 190 Millionen an den Staat jährlich sollen abgegeben werden können.

XIII.

Wenn angesichts dieser Verhältnisse und Thatsachen selbst von „kompetentester" Seite sofortige Steuererhöhungen oder die Einführung neuer Steuern beantragt wird; wenn die Regierung die hiedurch zu erzielende Mehreinnahme schon für 1875 auf elf, Lónyay auf 13 bis 14 Millionen Gulden veranschlagt: so bekundet dies nur, dass die schwere Tagesnoth uns noch lange nicht so gründlich „geheilt" hat, als man glauben will; namentlich nicht von zwei

Fehlern, die wesentlich zur Herbeiführung des gegenwärtigen Finanzjammers beigetragen. Der eine besteht in der liebenswürdigen Bereitwilligkeit, mit der wir uns selbst zu täuschen geneigt sind, um auf Grundlage schöner Aussichten für die Zukunft leichten Fusses über die Schwierigkeiten des Tages hinwegzusetzen; der zweite Fehler lag und liegt darin, zu glauben, dass es im Verfassungsstaate genügen könne, Lasten zu dekretiren, wenn der Nation die Mittel zu deren Ertragung fehlen, für die Beschaffung oder Entwicklung dieser Mittel aber nicht gleichzeitig gesorgt wird. Wir forderten bisher von der steuerpflichtigen Bevölkerung wenigstens so viel, als sie zu leisten vermochte, haben jedoch mehr als dies verausgabt; sie zur Leistung dieses Mehr anzuhalten, ohne dass ihre Leistungsfähigkeit gehoben wird, mag ein bequemes Aushilfsmittel scheinen, gerecht und zuverlässig ist es nicht.

Man beruft sich auf Nordamerika und Frankreich; beide Staaten haben in neuerer Zeit die finanziellen Wunden, welche ihnen der Bürger- und respektive der internationale Krieg geschlagen, durch tiefgreifende Aenderungen im Steuerwesen zu heilen versucht. Ganz richtig; nur steht die Nutzanwendung auf Ungarn nicht. Eine patriotische und selbstbewusste Bevölkerung findet es begreiflich und fügt sich darein, dass in Folge ganz ausserordentlicher Verhältnisse ihr ganz ausserordentliche Belastungen aufgelegt werden. Das begriff und darin fügte sich auch Ungarn's patriotische Bevölkerung zu anderer Zeit; wir zweifeln nicht, dass vorkommenden Falles dies auf's Neue geschieht. In Nordamerika und Frankreich waren aber die ausserordentlichen Leistungen, welche neulichst von den Bevölkerungen verlangt wurden, wirklich durch vorangegangene ausserordentliche Ereignisse begründet.

Woher soll die gleiche heroische Opferwilligkeit bei uns kommen, wo die Lage, durch welche die höheren Anforderungen veranlasst sind, ihren Ausgangspunkt fast nur

in der Unbedachtsamkeit findet, welche bisher die Leitung
unserer Staatsfinanzen charakterisirte? Ein minderer Grad
der Bereitwilligkeit wäre hier um so erklärlicher, als Nichts
dafür bürgt, dass die ausserordentlichen Opfer von unten
nicht etwa dazu dienen, den Leichtsinn oder die Leichtlebigkeit von oben fort zu erhalten. Angenommen jedoch,
dass trotz der angedeuteten tiefen Verschiedenheiten in
Ursprung und Natur der Lage, die ungarische Bevölkerung
den neuen Belastungen denselben Grad von Opfer w i l l i g-
k e i t entgegenbringt, als die Bevölkerung Nordamerika's
und Frankreich's: dann bleibt noch immer die ungeheuere
Kluft zwischen der beiderseitigen Opfer f ä h i g k e i t. In
Nordamerika wie in Frankreich war seit Jahrzehnten und
mit Erfolg Alles geschehen, um eine riesenhafte Entwicklung des Volkswohlstandes **und des** Nationalreichthums
herbeizuführen; kann Gleiches **von** Ungarn behauptet werden? Dort gilt es, den gesteigerten Steueranforderungen
gegenüber theils die angehäuften Ersparnisse früherer Zeiten,
theils den reichlichen Erwerb des Tages in höherem Grade
als bisher anzugreifen; wo sind in Ungarn, bei der **Masse**
der Bevölkerung, die angehäuften Ersparnisse früherer
Zeiten oder der reichliche laufende Erwerb der Gegenwart
zu finden, aus denen die erhöhten Steueranforderungen zu
befriedigen wären?

Und doch m ü s s e n unbedingt dem Staate reichlichere
Hilfsquellen und Mittel beschafft werden! Das **ist ein** Pro-
blem, welches sich nicht umgehen lässt. Ich habe seit Jahren in der Presse und im Reichstage bedeutende Streichungen in unserem Staatsvoranschlage beantragt; die heutige
Finanzlage macht sie unerlässlicher denn je. Es kann mir
nicht in den Sinn kommen, sie zu bekämpfen in dem Momente, wo auch deren bisherige Gegner sich für dieselben
zu ereifern beginnen. Aber wie sehr ich auch die Nothwendigkeit durchgreifender Streichungen anerkenne, nehme ich
keinen Anstand, offen auszusprechen, dass ich mir Ungarn's

Zukunftsbudget, das Budget des wiedergesundeten und
zu normalen Verhältnissen zurückgeführten Landes, nicht
in reduzirter Gestalt denken kann und mag. Ich bin im
Gegentheile überzeugt, dass, wenn wir die vielseitigen Versäumnisse nachholen und auf dem **Gebiete** des Unterrichtes,
des Verkehrswesens, des Gefängnisswesens, **des** Sanitäts-
wesens u. s. w. den Anforderungen der Neuzeit entsprechen
wollen, — und das muss geschehen, **falls** wir staatlich
leben und gedeihen **wollen**, — Ungarn sich zu einem stär-
keren Ausgabenetat **bequemen** muss, als der heutige ist.
Damit aber diesem Müssen auch das Können entspreche,
ist es unerlässlich, **die Leistungsfähigkeit** des Landes
zu steigern, das heisst: **die gesunde und naturge-
mässe Entwicklung des Volkswohlstandes zu
fördern, wo möglich zu sichern.** Nur auf diesem
Wege wird es möglich, die dringende Aufgabe des Tages,
oder richtiger: die dringenden Aufgaben, gründlich zu lösen.

XIV.

Dem geehrten Leser dürfte es in der That bereits aus
dem Bisherigen klar geworden sein, dass ich die Aufgabe
des Tages durchaus nicht für eine einheitliche halte.
Vor uns liegen, **nach** meiner Ansicht, zwei wesentlich ver-
schiedene und streng auseinander zu haltende Aufgaben.
Die wichtigste ist: die Herbeiführung und Sicherstellung
einer besseren oder gedeihlichen Zukunft, einer Finanzlage, welche uns gestatte, den zahlreichen Aufgaben, die
Wissenschaft und Praxis heute an den Staat stellen, in
ausreichenderem Masse als bisher zu genügen, ohne deshalb zum stetigen Defizit verurtheilt zu sein und ohne die
Steuerpflichtigen über ihre Kräfte hinaus in Anspruch nehmen zu müssen. Ich halte dafür, dass dies vollkommen erreichbar ist; **das** Wie habe ich bereits im Allgemeinen
angedeutet und komme sofort des Näheren darauf zurück.

Wie zweckentsprechend und durchgreifend aber auch die
diesfalls zu verwirklichenden Massnahmen sein mögen: sie
können ihre Wirkung erst im Laufe der Jahre äussern und
auch dann keine rückwirkende Kraft üben, nämlich nicht
den heutigen Abgang und auch nicht das unvermeidliche
Defizit der allernächsten Jahre decken. Deshalb tritt in
zweiter Reihe die Aufgabe an uns heran: für die Uebergangsperiode zu sorgen und dahin zu wirken, dass
ihre Nachwehen und die der jüngsten Vergangenheit nicht
jene bessere Zukunft trüben. Diese zwei Aufgaben sind,
wie gesagt, gesondert zu erfassen und zu erledigen; sie
durcheinanderwerfen, heisst die Lösung beider gefährden.

Dass zur Lösung der als erstwichtig hingestellten Zukunftsaufgabe vor Allem die Europäisirung (wenn
der Ausdruck gestattet ist) unserer Gesetzgebung
erforderlich ist, bedarf wohl keiner näheren Begründung.
So lange unsere Gerichtsverfassung und Praxis als halb-
asiatische gilt und — nicht immer mit Unrecht — bald
über Bestechlichkeit, bald über verwandtschaftliche, ge-
vatterschaftliche und andere Parteilichkeit, bald über ten-
dentiöse oder schlendrianmässige Verschleppung geklagt
wird; so lange ein bürgerliches Gesetzbuch, diese Grund-
bedingung einer modernen Gesellschafts-Organisation, ebenso ein Handelskodex und ein Wechselrecht, diese Kardinal-
Erfordernisse eines regen Verkehrslebens, uns fast ganz
abgehen; so lange unsere Strafgesetzgebung und unsere
Prozessordnung durch stetes Herumtappen und Experimentiren von Tag zu Tag verwirrter und verschwommener
werden: kann von einer gesunden Entwicklung des Ge-
sellschafts- und Verkehrslebens nicht die Rede sein. Das
ist handgreiflich, und ist es vielleicht nur diesem Umstande
zuzuschreiben, dass dieser wichtige Punkt in den neulichen,
so verschiedenseitigen als verschiedenartigen Auslassungen
kaum oder doch in viel schwächerer Weise als manches
fernerliegende Moment berücksichtigt wurde. Wir wollen

unsererseits nur so viel bemerken: wenn Regierung und Reichstag es unterlassen, jenem Grundübel bald und gründlich abzuhelfen, können alle Besserungsmassregeln nur scheinbare und vorübergehende Linderung bringen.

Zu den speziellen Förderungsmitteln für Lösung jener Zukunftsaufgabe übergehend, ist in erster Reihe die Hebung des Feldbaues zu betonen. Ich habe schon darauf hingewiesen, wie derselbe noch immer die Grundlage unseres Nationalreichthums, die Hauptquelle unseres Nationaleinkommens bildet; die rationelle volkswirthschaftliche Theorie und Praxis der Neuzeit lehren aber mit gleicher Eindringlichkeit, dass jedes Land seine Hauptaufmerksamkeit der Entfaltung jener Erwerbs- und Einnahmsquelle zuzuwenden habe, auf welche natürliche und andere Verhältnisse es ganz besonders anweisen. Wie traurig es diesfalls bei uns noch steht, ist allbekannt. Wo bei gleicher Bodenbeschaffenheit und entsprechenden klimatischen Verhältnissen, der Feldbauer in Belgien, in England, in den fortgeschrittenen Gegenden Frankreichs und Deutschlands, das zwölf- bis fünfzehnfache des Samenkornes einheimst, bringen wir es höchstens auf das sechs- bis achtfache; wo Jener auf drei bis vier Jahre ein schlechtes Jahr zu beklagen hat, zählt bei uns das gute Jahr fast als Ausnahme. Wir erzielen sonach im Ganzen und Grossen etwa den dritten Theil jenes Erträgnisses, dessen unser gesegneter Boden fähig wäre. Und ihrerseits bleibt die Verwerthung des Erzielten weit hinter dem zurück, was sie sein könnte und sollte. Unsere klimatischen Verhältnisse, welche eine frühere Einerntung gestatten oder erheischen, sichern uns den ausserordentlichen Vortheil, dass wir mit unseren ablassbaren Boden-Erzeugnissen schon in der zweiten Julihälfte auf den Weltmärkten zu erscheinen vermöchten, während amerikanisches, australisches und russisches Getreide kaum Mitte September in Havre oder in Liverpool, in London oder in Paris eintreffen kann. Es liegt auf der Hand, dass, wenn einer-

seits das Erträgniss des Bodens auf jenes Niveau fortge-
schrittenerer Länder gehoben, andererseits bei dessen Verwerthung dieser natürliche Vortheil vollkommen ausgenützt
würde, das Jahreseinkommen unseres Grundbesitzes nicht bei
191 Millionen Gulden stehen bleiben würde (Abschnitt XII);
derselbe könnte sich im Durchschnitt auf 4 bis 600 Millionen erhöhen, in Folge dessen sich die Steuerfähigkeit
und die Steuerleistung der Bodenkultur und der mit ihr zusammenhängenden Erwerbszweige in noch viel stärkerem
Masse steigern würden.

XV.

Die Verwerthung unserer ablassbaren Bodenerzeug-
nisse auf den grossen Weltmärkten wird namentlich durch
drei Uebelstände gehemmt: die Unzulänglichkeit der Be-
förderungsmittel auf den Eisenbahnen, so dass schon bei
halbwegs reichem Ernte-Ertrage sich die „Transportkala-
mität" einstellt; der Vertrauensmangel bezüglich der kauf-
männischen Ehrlichkeit und Zuverlässigkeit unserer Ver-
sender, wie denn letzthin unser Mehl von der Pariser No-
tirung ausgeschlossen wurde; die Abwesenheit einer genü-
genden konsularischen Vertretung, welche unsere Verkehrsbeziehungen zum Auslande fördere, unterhalte . . . . . Der
zweitgenannte Uebelstand, wiewohl von sehr störender Ein-
wirkung, entzieht sich der administrativen oder legislativen
Verfügung; man kann den Erzeuger oder Vermittler nicht
zum soliden und vertrauenswürdigen Gebahren n ö t h i g e n,
wenn er nicht intelligent genug ist, einzusehen, dass nur
auf diesem Wege bleibender Erfolg erzielbar ist; hier kann
von oben herab höchstens durch Belehrung und Aufklä-
rung gewirkt werden. Entschiedener und unmittelbarer lässt
sich betreffs des ersten Punktes eingreifen. Die Regierung
ist berechtigt, die Eisenbahngesellschaften dahin anzuhalten,
dass sie zur Erntezeit für den heimischen Transport, wie

für die Weiterbeförderung die erforderlichen Betriebsmittel bestellen; die Gegenseitigkeitsbeziehungen, welche heute diesfalls zwischen den verschiedenen Bahnunternehmungen bestehen und die speziellen Waggonleihanstalten lassen bei gutem Willen und genügender **Intelligenz** als leicht durchführbar erscheinen, was früher allerdings **überaus** schwierig und kostspielig gewesen wäre. Ebenso liegt die Behebung des drittgenannten Uebelstandes in **unserer** Hand; es hat dahin gewirkt **zu werden,** dass an den für uns wichtigsten Verkehrsplätzen **des Auslandes** im Konsulat immer eine **Persönlichkeit** sich finde, in **erster** oder zweiter Stellung, von welcher genügende Kenntniss und ernstliche Förderung unserer speziellen **Interessen zu erwarten** stehen. Dies kann beim gemeinsamen Ministerium **des Auswärtigen schon heute** erstrebt werden; bei der bevorstehenden Revision des ungarisch-österreichischen Handels- und Zollvertrages (G.-A. XVI : 1867) wären diesfalls b i n d e n d e Bestimmungen zu schaffen.

Ernste **volkswirthschaftliche Bedeutung** kann freilich die Förderung des **A b s a t z e s** nur insofern erreichen, als zugleich die E r z e u g u n g **durch Beseitigung** oder wenigstens Abschwächung der im vorigen Abschnitte erwähnten Uebelstände gehoben **wird.** Rechtzeitigen Regen und Sonnenschein **kann die Regierung** nicht besorgen, auch nicht die schützende Schneedecke für die Wintersaaten ; aber es kann und muss **durch** Entwässerungsarbeiten und Dammbauten verhütet werden, dass z. B. einer der gesegnetsten Landestheile, unsere frühere Kornkammer, Jahre hindurch in einen Sumpf und **ein** Jammerthal verwandelt sei; es kann und muss dahin gewirkt werden, das hier durch Berieselungskanäle **und** Verbreitung des Drainirungssystems den ertödtenden Einwirkungen der Sonnenglut und des anhaltenden Regenmangels entgegengearbeitet, dort durch rationelle Bepflanzung und Beholzung der Flugsand festgebannt und die Steppe in fruchtbaren Boden umgeschaffen werde; für all' diese Operationen bietet das fortgeschrittene Ausland die erfolgreichsten Vorbilder. Einige Millionen Gulden würden für diese Arbeiten hinreichen, die — allerdings weniger glänzend und lärmend — die volkswirthschaftliche Entwicklung, das stetige Steigen des Nationaleinkommens und Reichthums, **und damit** auch das stetige Wachsen der Staatseinnahmen **viel** sicherer und durchschlagender fördern würden, als die **zehnfach** grösseren Beträge, welche **wir** in den letzten sechs **Jahren** oft an überflüssige oder widersinnige Bahn- oder an städtische Boulevardbauten vergeudeten.

Dass für die Förderung unserer Bodenkultur auch durch die Verbreitung des p o p u l ä r e n, den Bedürfnissen und Verhältnissen des eigentlichen Bauernstandes angemessenen U n t e r r i c h t e s sehr nutzbringend gewirkt werden könnte und sollte, mag nur flüchtig erwähnt sein; es ist dies oft genug von den Fachkreisen und in der Tagespresse betont worden; die Kosten wären durch eine weniger luxuriöse Organisation unserer landwirthschaftlichen Akademien und sogenannten Musterwirthschaften leicht zu decken. Ueberdies sollte im Allgemeinen das Unterrichtsfach das letzte sein, wo auf's Sparen hingearbeitet wird; auf diesem Gebiete gilt durchaus nicht Franklin's Ausspruch, dass jeder ersparte Pfennig ein gewonnener Pfennig sei; mit grösserer Berechtigung lässt sich behaupten, dass **hier** der ersparte Pfennig oft ein verlorener Gulden ist. **Und wir** müssen es z. B. ebenso sonderbar als bedauerlich finden, wenn man heuer unter den Sparsamkeitsrücksichten auch die junge Einrichtung der landwirthschaftlichen Wanderlehrer leiden lässt . . . . .

XVI.

Von unmittelbarer praktischer Bedeutung — im störenden und hemmenden Sinne — ist ein zweifacher Mangel,

welcher den Aufschwung unserer Bodenkultur niederhält:
der Mangel an Arbeitskräften, der Mangel an Kapital und Kredit. Ersterer Mangel wird in allen Schichten
unserer feldbauenden Bevölkerung stark empfunden und
tief beklagt; der Feldarbeitslohn ist durchschnittlich rasch
und stark gestiegen; in Zeiten drängender Arbeit, speziell
zur Ernte, ist die nöthige Kraft oft gar nicht oder nur
um die ärgsten Nothpreise zu erlangen. Das ist angesichts
der Rolle, welche der Feldbau in unserem Volks- und
Staatswirthschaftsleben spielt, kein Privatleiden mehr, sondern eine Landeskalamität, deren Behebung nicht energisch
genug angestrebt werden kann. Sie lässt sich beheben, und
zwar in dreifacher Weise: durch die Reform unseres Wehrsystems, welche die jungen Leute nicht so oft und nicht
so lange vom Acker entfernte; durch eine Steuermanipulation — wir kommen auf dieselbe zurück, — welche den
bei uns auf's Aeusserste getriebenen Luxus des lungernden
Dienstbotenthums herabmindern und viele Tausende Paar
Arme der fruchtbringenden Arbeit zuführen würde; endlich
mittelst ausgedehnterer Verwendung mechanischer Arbeitsmittel, was offiziell durch Zollvergünstigungen für die Einfuhr von Feldbau-Maschinen und Geräthen erreicht werden
kann, wie durch Anregung und Unterstützung zur Bildung
von Gemeinde- und anderen Verbänden, für Beschaffung
solcher Instrumente und Geräthe da, wo die Mittel und
Bedürfnisse des Einzelnen den Sondererwerb ausschliessen.
Das einander ergänzende Zusammenwirken dieser drei
Mittel würde den beklagten Mangel wesentlich mildern,
wo nicht ganz beheben.

Wenn auch vielleicht weniger allgemein empfunden,
ist der Kapitals- und Kreditmangel doch sehr ernstlich
fühlbar und in seinen Einwirkungen sehr hemmend. Reich
an Naturschätzen, fehlt uns das Kapital zu deren Belebung
und Behebung; dieser Mangel macht sich namentlich seit
fünfundzwanzig Jahren immer fühlbarer, weil einerseits

die Befreiung des Bauernstandes dem Grundbesitz die theils
billigen, theils unentgeltlichen Arbeitskräfte entzogen, weil
andererseits die ganze Zeitströmung immer entschiedener
zur intensiven Kultur, zur fruchtbringenden Investition
drängt. Da müsste der Kredit aushelfen. Wie traurig es
zur Stunde mit dem Kredit für unsern Grundbesitz bestellt
ist, weiss Jedermann; die durch den „Krach" herbeige-
führte Unverkäuflichkeit der Pfandbriefe hat die Boden-
kredit-Anstalten zur fast gänzlichen Einstellung ihrer diesbe-
züglichen Thätigkeit genöthigt. Der Grundbesitzer, welcher
bessere Zeiten nicht abwarten kann, zahlt, falls er überhaupt ein Darlehen bekommt, für kurzläufige Darlehen
15 bis 20 Procent Zinsen — in der Regel; es sollen während
der letzten Monate Fälle vorgekommen sein, wo 50 Procent
und darüber bewilligt wurden. Lassen wir diese ganz
anormalen Zeitläufte auf sich beruhen. Wie stand es vor
deren Eintritt? Den mir vom statistischen Zentralbureau
gütigst zur Verfügung gestellten detaillirten Ausweisen
entnehme ich folgende Daten: Ende 1872 hatte die ungarische Bodenkredit-Anstalt 34,049.334 fl. in Pfandbrief-
Darlehen ausgegeben; ferner die ungarische Hypothekenbank 2,311.550 fl. und die westungarische Hypothekenbank
383.957 fl., zusammen von eigentlichen Hypothekar-Insti-
tuten (die Bodenkreditgesellschaft und die Hypothekarbank
für Kleingrundbesitzer hatten ihre Wirksamkeit noch kaum
eröffnet) 36,744.841 fl. Dazu kommen drei hauptstädtische
Anstalten, welche, ohne eigentliche Hypothekarbanken zu
sein, das Recht zur Ausgabe von Pfandbriefen besitzen
und ausüben: Ende 1872 hatten die vereinigte Pest-Ofner
Sparkasse 3,931.745 fl., die Kommerzialbank 8,031.384 fl.
und die erste vaterländische Sparkasse 17,490.731 fl. auf
Hypothek ausgeliehen; endlich hatten auf ungarischen Besitz
die ungarischen Filialen der österreichischen Nationalbank
31,294.790 fl. geborgt; macht Alles in Allem 97,493.491 fl.
Hievon wären in Abzug zu bringen: die bis Ende 1872 auf

diese successiven Darlehen bereits zurückgezahlten Beträge
und die Summen, welche nicht dem Boden, sondern dem
städtischen Besitz, dem Häuserbau und der Häuserspekula-
tion zugute kommen; die erste vaterländische Sparkasse zum
Beispiel, welche nahe ein Fünftheil vorstehenden Betrages
liefert, belehnt nur Pester Realitäten. Lassen wir jedoch die
gesammten 97·5 Millionen als aussenstehendes und als unverkürzt dem eigentlichen Grundbesitz zugute kommendes
Hypothekar-Darlehen gelten; in welchem Verhältniss steht dasselbe zu dem wirklichen Belehnungswerth des durchgehends
so sehr kreditbedürftigen ungarischen Grundbesitzes? Unsere
neulichen Ermittlungen (Abschnitt XII) ergaben für ihn
ein Jahreseinkommen von **rund** hundertneunzig Millionen.
Der ungarische Grundbesitz bringt im Durchschnitt gewiss
nicht über 3 Procent Reinertrag; letzterer wäre sonach mit
$33^1/_3$ zu multipliziren, um den Kapitalswerth herzustellen.
Wir wollen indess, um auch dem Schein einer Ueberschätzung
des letzteren auszuweichen, nur mit 20 multipliziren, das
heisst annehmen, dass bei Schätzung, Kauf und Verkauf
von Grundstücken in Ungarn ein f ü n f perzentiges Erträgniss den Kapitalisationsmassstab bilde. Wir erhalten somit
als Kapitalswerth 190 $\times$ 20 = 3.800,000.000 Gulden.
Wir greifen sehr weit aus, wenn wir hievon ein volles
D r i t t h e i l **für** solchen Besitz in Abschlag bringen,
den Pfandbriefanstalten **n i c h t** belehnen (Forste, Stein-
brüche u. s. w.); verbleibt e i n b e l e h n b a r e r K a p i t a l s-
w e r t h v o n d r i t t h a l b M i l l i a r d e n G u l d e n. Zu fünf-
zig Prozent belehnt, hätte derselbe noch immer e i n e n
K r e d i t v o n e i n e r M i l l i a r d e z w e i h u n d e r t f ü n f-
u n d z w a n z i g M i l l i o n e n zu beanspruchen, für welche
er vollkommene Realsicherheit bietet; in Wirklichkeit
hatte der ungarische Grundbesitz bis Ende 1872 von ungarischen Anstalten oder von den ungarischen Filialen
österreichischer Anstalten, demnach im Ganzen in Ungarn
nur 97·5 Millionen Gulden geliehen bekommen, also lange

nicht den zwölften Theil seiner Kreditfähigkeit auszunützen vermocht!

Und die Kreditbedürftigkeit entspricht — mindestens! — der, wie aus vorstehenden Bemerkungen ersichtlich, sehr mässig auf 1.225,000.000 fl. geschätzten Kreditfähigkeit. Ich will keineswegs dem leichtsinnigen Schuldenmachen das Wort reden; unser Grossgrundbesitz thut hierin oft sogar des Guten zu viel. Aber es besteht ein sehr weiter Unterschied zwischen dem Geldborgen zu blosser Verzehrung und zu Luxusanlagen einer-, für nützliche Investitionen und Meliorationen andererseits; in dem sehr rangirten vormaligen Königreich Preussen waren drei Viertheile des Grundbesitzes mit Hypothekar-Darlehen belastet. Das Beispiel des eben genannten Landes, ebenso Englands, Frankreichs, Belgiens, bekundet reichlich, dass der Boden das zu rationellen Anlagsweisen verwendete Kapital (Urbarmachung, Beholzung, Drainirung, Anschaffung von Maschinen u. s. w.) oft schon in wenigen Jahren reproduzirt. Da aber der ungarische Bodenbesitz eigentliche Hypothekar-Darlehen, das heisst zu einem verhältnissmässig billigen Zinsfuss und mit erleichterter Zurückzahlung des Kapitals mittelst Amortisation, im Lande kaum bis zum zwölften Theil seiner Kreditfähigkeit und Kreditbedürftigkeit erlangt, — was Wunder, wenn er nicht investiren, die reichen Naturschätze nicht flüssig machen, mit dem begünstigteren Feldbau des Auslandes nicht gleichen Schritt halten kann?

Muss er durchaus Geld borgen, so bleibt ihm keine andere Zuflucht als der Privatkapitalist und die Provinz-Sparkasse. Ersterer kann natürlich nur kurzläufige Darlehen gewähren, was — da das Kapital sich nicht immer in wenigen Jahren aus dem Mehrertrag rekonstruiren und zurückzahlen lässt — der Ruin des Grundbesitzers wird, indem er zur Verfallszeit jedesmal neue Schulden machen muss. Was er an Zinsen und Provisionen dem Privatkapitalisten bezahlen muss, entzieht sich jeder Berechnung. Auch bei den Sparkassen fährt er übrigens nicht viel besser. Zur Ausgabe von Pfandbriefen sind dieselben nicht ermächtigt; eigenes Kapital besitzen sie kaum; sie manipuliren sonach nur mit den vom Publikum eingelegten Geldern. In der schon erwähnten handschriftlichen Zusammenstellung des statistischen Zentral-Bureau's zähle ich 116 Provinz-Sparkassen, die Ende 1872 bei einem eingezahlten Kapital von 4,271.720 fl nicht weniger als 38,587.908 fl. auf Hypotheken ausgeliehen haben! Selbstverständlich dürfen diese Kapitalien, welche von den Einlegern mehr oder minder rasch zurückgefordert werden können, nur auf kurze Zeit ausgegeben werden; in der Regel werden daher neben der Hypothekar-Obligation noch Wechsel verlangt, die alle drei bis sechs Monate zu renoviren sind, was den Schuldner in steter Bangigkeit erhält und die hohe Zinsenlast durch öftere Provision noch steigert. Wären indess die Bedingungen die annehmbarsten: — diese 38·6 Millionen zu obigen 97·5 Millionen geschlagen, ergeben noch immer nur einen Kredit von 136·1 Millionen oder lange nicht den neunten Theil der Kreditfähigkeit und Kreditbedürftigkeit des ungarischen Grundbesitzes.

XVII.

Die 38·6 Millionen Gulden, welche der ungarische Grundbesitz von den Provinzial-Sparkassen geliehen hat, bilden überdies eine schreiende Anomalie, deren Beseitigung viel eher, denn ihre Entwicklung anzustreben wäre. Oder lässt es sich irgendwie mit den Grundbedingungen einer rationellen Volkswirthschaft und einer gesunden Bankpolitik vereinbaren, wenn z. B. die Szegszarder, die Raaber und die Grosskanizsaer Sparkasse bei je 30.000 fl. effektivem Kapital 559.329 fl., — 925.691 und 959.569; die Debrecziner, die Tyrnauer, die Miskolczer, die Grosswar-

deiner, die Günser, die Oedenburger bei je 31.500 fl.
Kapital 467.401 fl., — 732.461, — 914.023, — 1,599.234,
— 1,629.942, — 1,760.523; die Sparkasse von Steinamanger bei 15.000 fl. Kapital 1,224.039 fl., die Stuhlweissenburger bei 65.000 fl. Kapital 1,821.249 fl., die erste
Temesvarer bei 42.000 fl. Kapital 2,763.736 fl. auf Hypotheken ausgeliehen haben? Das sind ein Dutzend Sparkassen, die wir aus der langen Liste auf gut Glück herausgegriffen, und sie haben bei einem eingezahlten Kapital
von 401.000 fl. nicht weniger als 15,357.197 fl., oder
dessen achtunddreissigfachen Betrag auf Hypotheken
ausgeliehen, und zwar in Baarem, **da** sie zur Ausgabe von
Pfandbriefen nicht ermächtigt sind!

Wohl haben manche Provinzial-Sparkassen eine eigenthümliche, mehr behördliche als geschäftliche Organisation,
in Folge dessen die Frage des eigenen Kapitals weniger ausschlaggebend erscheint; auch ihre Einlagen (gerichtliche
Depots, Waisengelder) sind nicht ganz geschäftlicher Natur.
Nichtsdestoweniger ist es augenfällig, dass Hypothekar-
Darlehen, welche mit derartigen fremden, mehr weniger rasch
kündbaren Geldern gemacht werden, weder dem Gläubiger
noch dem Schuldner die Sicherheit und Stetigkeit gewähren, welche die Natur des Hypothekarkredits fordert; erwähnenswerth ist noch, dass Einlagsgelder ihrem Wesen nach
dazu berufen sind, dem kurzläufigen Eskomptekredit **zur**
Verfügung gestellt zu werden, dass somit jene Hypothekar-
Kreditoperationen dem Handel und dem Gewerbe seine
natürlichen Hilfsquellen abschneiden. Niemand wird in
Abrede stellen, dass die Bedrängniss des Handels- und
Gewerbestandes in der Provinz während der letzten Monate
bedeutend gemildert werden konnte, wenn die Sparkassen,
statt dieselben festgerannt zu haben, über jene 38·6 Millionen frei verfügten.

Verbleiben die 97½ Millionen Gulden, welche bis
Ende 1872 im Lande dem ungarischen Grundbesitz als

eigentliches Hypothekar-Darlehen zur **Verfügung** gestellt
waren. Wir haben nachgewiesen, dass sie kaum dem zwölf-
ten Theil seiner Kreditfähigkeit und seiner noch unbestreitbaren Kreditbedürftigkeit entsprechen; wir zeigten ferner,
dass dieses **fast** gänzliche Unbedecktbleiben (fehlen doch
$^{11}/_{12}$!) seiner Kreditbedürfnisse die Entwicklung des Feldbaues **und** der mit ihm verbundenen Erwerbszweige, folglich
auch ihre Steuerfähigkeit, in fühlbarster Weise behindert.
Dem muss sonach **rasch** und nachdrücklichst abgeholfen
werden, im Interesse **der** wirthschaftlichen Erstarkung des
Landes **und der** finanziellen Gesundung des Staates. Auf
welche **Weise?** Da im Lande das erforderliche Kapital
zur Befruchtung des Feldbaues nicht vorhanden, so muss
es entweder hier geschaffen oder vom Auslande heran-
gezogen werden.

Die zweite Methode scheint die leichtere, rascher
durchführbare: entweder mittelst direkter Hypothekar-Darlehen, welche fremde Institute unserem Grundbesitz gewähren, oder **indem** Pfandbriefe ungarischer Anstalten im
Auslande starken und sicheren Absatz finden. Leider haben
Regierung und Reichstag dies nicht blos mittelbar, durch
die erwähnte Unterlassungssünde bezüglich der Europäi-
sirung unserer bürgerlichen und Verkehrsgesetzgebung be-
hindert; unsere Finanzwirthschaft wirkt in unmittelbarster
Weise störend und erschwerend.

Ein Beispiel **wird dies** besser als alle Erörterungen
illustriren. Angesichts der Widernatürlichkeit und Gefähr-
lichkeit der beregten Hypothekar-Kreditoperationen vieler
Provinz-Sparkassen einerseits, des drückendsten Geldman-
gels andererseits, unter dem nach der vorjährigen Mai-
Krisis Handel und Gewerbe in der Provinz litten, hatte ich
letzten Herbst mit einer Kombination mich befasst, nach
welcher jene 38 Millionen vielgestaltiger Aussenstände gewissermassen unifizirt, in regelrechte Hypothekarschulden
umgewandelt und als solche von auswärtigen Kapitalisten

und Anstalten übernommen werden sollten; die Uebernehmer
waren nahezu gesichert und die Operation hätte dreifachen
Vortheil geboten: an 40 Millionen fremder Kapitalien wurden im Momente des grössten Bedarfes in's Land gebracht,
um Handel und Verkehr zu beleben; die Sparkassen konnten sich wieder frei und ungefährdet bewegen; die Hypo-
thekarschuldner endlich erlangten alle die Vortheile der
Sicherheit, der Stetigkeit und der leichten Rückzahlbarkeit,
welche das korrekte Pfandbrief-Darlehen mit sich bringt.
Die Kombination, deren Einzelheiten nicht hierher gehören,
fand den ungetheilten Beifall des Ackerbau- und Handels-
ministers, dem ich dieselbe mitgetheilt; Graf Josef Zichy
sowohl als der Justizminister, dem Ersterer selbst die Sache
unterbreitete, versprachen ihre volle Unterstützung betreffs
der administrativen Massregeln wie auch der eventuellen
legislativen Vorlagen, welche die Durchführung erheischen
sollte. Die Angelegenheit war im besten Gange, als die
November-Anleihe dazwischenfuhr und — wenigstens — zur
Vertagung nöthigte. Welcher ausländische Kapitalist wird
sein Geld auf 5—7 Procent in ungarischen Pfandbriefen
anlegen, wenn er ungarische Staatsobligationen erwerben
kann, die ihm zehn Prozent und darüber bringen, oder
wenn die Regierung, wie soeben bezüglich der Ostbahn-
Prioritäten geschehen ist, selbst heute, wo der Zinsfuss in
London 3—3¹/₂ Procent steht, auf Lombard-Darlehen 9 Procent zahlt? Man leugne noch den engen Zusammenhang
zwischen Staatswirthschaft und Volkswirthschaft! Wenn
jene ungesund, ist auch diese lendenlahm, und umgekehrt.
Das liegt auf der Hand; ob's wohl gerade deshalb so oft
von finanz-politischen Sternguckern übersehen oder vor-
nehm ignorirt wird?

XVIII.

Es muss sonach im Inlande selbst das fehlende
Kapital geschaffen oder richtiger beschafft, für die Deckung

des unabweisbarsten Bedarfes an Kredit- und Umlaufsmitteln gesorgt werden. Mit anderen Worten: **die Selbstständigmachung unseres Geld- und Kreditwesens ist nicht minder eine staatsfinanzielle, als sie eine volkswirthschaftliche Nothwendigkeit ist.**

Ich habe dies meinerseits schon im Herbste 1869 entschiedenst betont. Meine Anregung hatte damals vielfachem Widerspruch begegnet; von den Einen wurde die Nützlichkeit, von den Andern die Nothwendigkeit, von den Dritten die Möglichkeit der Emanzipation unseres Geld- und Kreditwesens bestritten. Ersterer Einwand braucht nicht mehr widerlegt zu werden, das haben die volkswirthschaftlichen Erfahrungen der letzten Jahre bestens besorgt; der Einwand ist verstummt: es wird heute kaum mehr von irgend einer beachtenswerthen Seite her in Ungarn bestritten, wie sehr wünschenswerth die Selbstständigmachung unseres Geld- und Kreditwesens wäre. Ein Gleiches lässt sich betreffs des zweiten Einwandes behaupten; die neulichen trüben Erfahrungen haben in der That nicht nur die Nützlichkeit, sondern auch die Nothwendigkeit des ungarisch-nationalen Bankwesens eindringlichst demonstrirt. Darum will und kann ich wohl bezüglich dieser zwei Seiten der Frage mich auf eine kurze Bemerkung beschränken, die ist: dass ich meinerseits die Nützlichkeit oder Nothwendigkeit der Selbstständigmachung des ungarischen Bankwesens nie aus der sogenannten Gehässigkeit der österreichischen Nationalbank, aus ihrer Ungarn feindlichen Haltung gefolgert habe. Dem liesse sich abhelfen. Das Uebel liegt tiefer. Ich habe überhaupt Mühe, zu glauben, **dass** die Leitung eines so grossartigen Geschäfts-Institutes **sich** von Sympathien und Antipathien bestimmen lasse; die Dividende ist keine Sentimentalitätsfrage. Ich bin zu glauben geneigt, dass die österreichische Nationalbank, im eigenen wohlverstandenen Interesse, Ungarns volkswirthschaftliche Entwicklung gern nach Kräften fördern **möchte**. Was ich entschieden **bestreite, ist:** dass sie beim besten Willen dies auch v e r m a g.

Wo nicht Freibankenthum besteht, sondern eine sogenannte Nationalbank mehr weniger ausschliesslich die Notenausgabe übt, wird sie durch die Gewalt der Umstände zum thatsächlichen Mittelpunkt des Geld- und Kreditwesens. Nun kann wohl ein Mittelpunkt, wenn der Fokus ein kräftiger, auch den grössten Kreis vollständig beherrschen, Wärme, Leben, Bewegung nach allen Richtungen und Enden der Periferie vertheilen; nie und nimmer aber kann ein und derselbe Mittelpunkt z w e i Kreise beherrschen, auch wenn sie einander unmittelbar berühren. Cisund Transleithanien sind zwei solche Kreise. Man mag es drüben gutheissen oder nicht, es als Glück betrachten oder als Unglück, es ist nun einmal unwegleugbare T h a t s a c h e : Ungarn und Oesterreich bilden zwei gesonderte wirthschaftliche Ganze, mit gesonderten Verhältnissen, Interessen und Strömungen, deren eines an W i e n , deren anderes an B u d a p e s t seinen natürlichen Mittelpunkt hat, von wo aus Leben und Bewegung sich nach allen Radien der Periferie zu vertheilen hat. Wien, das weder in politischer und nationaler, noch in geistiger und gesellschaftlicher, noch in wirthschaftlicher Beziehung das „Herz" des heutigen Ungarns ist, kann nicht betreffs der Geld- und Kreditverhältnisse dessen Zentrum abgeben; das hiesse der Natur der Dinge Gewalt anthun, und natürlich zum Schaden d e s j e n i g e n Kreises, dessen Mittelpunkt derart widernatürlich ausserhalb der eigenen Periferie verlegt werden soll. Alles Verhandeln, Stipuliren und Dekretiren kann an diesem Naturgesetz nichts ändern.

Aufrecht erhalten wird heute nur noch von mancher Seite **der dritte** Einwurf. Ich muss allerdings gestehen, dass die Begründung eines selbstständigen ungarischen Bankwesens jetzt schwieriger ist, als sie es vor 3 bis 4

Jahren gewesen wäre, wo unser Kredit noch in jungfräulicher Blüthe und Frische dastand, oder noch im Winter 1872, als der Reichstagsbeschluss vom 21. Feber die Regierung zur baldigen Regelung der Frage anwies; aber · Schwierigkeit ist nicht Unmöglichkeit. Die Regelung der Valuta muss vorangehen; auch darüber hat so ziemlich jede Meinungsverschiedenheit aufgehört; man gründet kein nationales Bankwesen mit dem Krankheitszustande des Zwangsumlaufes. Die Regelung der Valuta bietet aber keine übergrossen Schwierigkeiten im Momente, wo das Silberagio unter 5 Percent steht und in Deutschland ungeheuere Silbermassen den Abnehmer suchen. Was erfordert die Regelung der Valuta? Es ist allbekannt, dass der Stand der österreichischen Nationalbank, speziell das Verhältniss zwischen Baarfond und Notenumlauf, ihr die sofortige Aufnahme der Baarzahlungen gestattet; das bekundete auf's Neue ihre letzte Jahresbilanz und bekunden ihre Wochenausweise; der jüngste Monatsausweis der Wiener Nationalbank (31. Jänner l. J.) weist gegen einen Notenumlauf von 336·9 Millionen einen Metallschatz von 144 Millionen nach (nicht inbegriffen 4·3 Millionen Gulden in Metall zahlbare Wechsel), beinahe 43 Procent des Umlaufes oder weit über die als „normal" geltende Eindritteldeckung; Mitte Feber (11.) gestaltete sich das diesbezügliche Verhältniss noch günstiger: 144·2 Millionen Metallschatz gegen einen auf 323·3 Millionen herabgeminderten Notenumlauf. Es gilt sonach nur die allmälige Einziehung der Staatsnoten; sie ist, tritt man unbefangen an sie heran, durchaus nicht so unausführbar, als absichtliche oder unwillkürliche Kurzsichtigkeit bald glaubt, bald glauben machen will.

Ich habe seinerzeit im Reichstage nachgewiesen (17. und 19. Feber 1872) und habe keinen Grund, heute anderer Meinung zu sein, dass auch ohne Zwangskours 100 bis 120 Millionen Gulden Staatsnoten in 1- und 5-Gulden-

stücken sich ganz gut in Umlauf erhalten lassen, ja im
Interesse des an dieselben gewöhnten Verkehrs erhalten
werden müssen. Verbleiben — wenn die Salinenscheine
auf ihre frühere Höhe gebracht werden, was zu fordern
wir vollberechtigt sind — etwa zweihundert Millionen Staatsnoten einzuziehen. Das Geld hiezu kann freilich kaum
anders, als auf dem Wege des Kredits beschafft werden.
Eine gemeinsame Staatsanleihe zu diesem Zwecke
wäre mit Leichtigkeit unterzubringen, das wird Jedermann
zugeben. Wir **haben jedoch** keine Einwendung dagegen,
finden es sogar in vieler Beziehung vortheilhafter, dass
die Operation nach den beiden Staatshälften getrennt
durchgeführt werde. Cisleithanien hat sich diesbezüglich
bereits eine Anleihe von achtzig Millionen votirt, die um
so sicherer zu diesem Zwecke verwendet werden kann, als
sie für die Vorschusskassen, denen sie in erster Reihe
dienen sollte, gar nicht in Anspruch genommen wird. Ungarn hätte etwa eine ähnliche Summe zu beschaffen. Das
wäre bei dem Stande unseres Staatskredits keine leichte Aufgabe, jedenfalls sehr kostspielig, wenn es sich n u r um eine
neue Anleihe handelte; aber **gerade die** Zusammen-
gehörigkeit derselben mit der Bankfrage muss
die Operation wesentlichst erleichtern: als Ent-
lohnung für die in aller Herren Lande sehr hochgeschätzte
Konzession zur Errichtung einer Nationalbank wird nämlich
welches Konsortium immer gerne bereit sein, die zur Einlö-
sung der Staatsnoten unsererseits erforderlichen Kapitalien
dem ungarischen Staate billigst, vielleicht sogar zinsenfrei
zur Verfügung zu stellen; das ist bisher überall bei Er-
theilung oder Erneuerung eines Nationalbank-Privilegiums
geschehen. Es stellt übrigens heute **Niemand in** Abrede,
dass auch ein etwaiges Opfer reichlich aufgewogen würde
durch die Vortheile jeder Art, welche die Herstellung der
Valuta und die Begründung eines selbstständigen ungarischen Geld- und Kreditwesens unserer Volks- und Staats-

wirthschaft unfehlbar brächte; die Agi oersparniss bei den
Zahlungen, welche der ungarische Staat heute in Silber
leisten muss, würde allein hinreichen, um die jährlichen
Verzinsungs- und Tilgungskosten einer Anleihe von achtzig
Millionen Gulden zu decken.

Und weil ich, wie gesagt, die Missstände der heutigen
Lage unseres geld- und kreditsuchenden Verkehrs durchaus nicht in der sogenannten systematischen Feindseligkeit der österreichischen Nationalbank, sondern in der angedeuteten Natur der Dinge begründet sehe, schreckt mich
auch die vielbetonte Befürchtung nicht: unsere Bankeman-
zipation werde in Wien eine unbesiegbare Missstimmung
erzeugen und diese zu einer Feindseligkeit führen, welche
unserem selbstständigen Geld- und Kreditwesen das Aufkommen unmöglich machen werde . . . . „Bange machen
gilt nicht“; über das Alter des Gespensterschreks sind wir
hinaus. Unsere Zeit hat ganz andere angebliche Unver-
söhnlichkeiten sich der Gewalt der Umstände fügen gesehen. Um nicht weit auszuholen: Oesterreich unterhält heute
die „freundschaftlichsten Beziehungen“ zu Italien und
Preussen, die es gestern in fühlbarster Weise — seien wir
parlamentarisch — verkürzt haben; Oesterreich hat sich
auch in die Wiederherstellung unserer politischen Autonomie gefügt, und selbst die Schmerling's und die Lust-
kandel's dürften heute kaum mehr bestreiten, dass diese
„Fügung“ eine sehr glückliche war. Und Wien sollte uns
unversöhnliche Feindschaft und den Krieg auf's Messer
schwören, wenn wir die österreichische Nationalbank in
den Stand setzen, ihre gesammte Thätigkeit, ihre gesammten Mittel und Kräfte der volkswirthschaftlichen Entwicklung Cisleithaniens zuzuwenden; wenn wir durch
die Förderung unserer eigenen volkswirthschaftlichen Entwicklung auch Cisleithanien's Gedeihen — was bei der
engen Interessen-Solidarität unvermeidlich — mitfördern?
Die Erkenntniss des letzteren Umstandes kann bei der in-

telligenten Mehrheit der cisleithanischen Bevölkerung und
bei dem unbefangenen und unabhängigen Theile der Finanz-
und Geschäftswelt gar nicht ausbleiben, und muss einträch-
tiges Zusammenwirken an die Stelle der angeblichen Be-
kämpfung treten lassen.

Ich gebe zu, dass die neue ungarische Banknote sich
nicht im Handumdrehen das Vertrauen und die Umlaufs-
fähigkeit erringen wird, deren die österreichische geniesst,
und dass die Werthdifferenz, wenn eine solche thatsächlich
und ziffermässig sich herausstellen könnte, sehr störend in
die Verkehrsbeziehungen zwischen Cis- und Transleithanien
eingreifen würde. Das kann jedoch nur dann geschehen,
wenn überhaupt ein Agio fortbesteht, wenn nämlich bei-
derseits der Zwangskours aufrecht erhalten wird. Das weisen wir ja aber entschieden zurück. Wir fordern beider-
seitig normale, das heisst zu jeder Zeit auf Vorweisung in
Silber rückzahlbare Banknoten. Bei solchen kann von
einem Agio im Allgemeinen, folglich auch von einem Agio-
Unterschied zwischen den Noten beider Staatsgebiete gar
nicht die Rede sein.

XIX.

Ich verweilte länger bei dem Feldbau, weil er die
Hauptgrundlage unseres Nationalreichthums, folglich auch
des Volks- und des Staatseinkommens bildet, noch lange
bilden wird. Bezüglich des Handels und der Industrie
glaube ich um so kürzer mich fassen zu dürfen, nicht nur
weil sie unter unseren Verhältnissen vorläufig von minderer
Wichtigkeit sind, sondern auch weil mit geringen Abän-
derungen die betreffs des Ackerbaues gemachten Bemerkungen von diesen zwei Erwerbs- und Nährquellen gleichfalls gelten. Wer wird z. B. in Abrede stellen, dass die
Europäisirung unserer Gesetzgebung, namentlich in Bezug
auf die vielgestaltigen Verkehrsverhältnisse, die Vermehrung und bessere Regelung unserer Kommunikationsmittel,

die Verbreitung des allgemeinen und des Fachunterrichtes
bis in die untersten Schichten der Bevölkerung, die möglichste Vermehrung der menschlichen und die ausgedehntere
Heranziehung mechanischer Arbeitskräfte, — für den Handel
und das Gewerbe nicht weniger bedeutsam, gewissermassen
Existenzbedingung sind, als für den Grundbesitz und den
Feldbau? Wer wird es anzweifeln, dass auch sie nur durch
die allmälige Beschaffung und Sicherstellung dieser Exi-
stenz-Bedingungen einer gedeihlichen Entwicklung entge-
gengehen und dadurch gleichzeitig dem Staate gegenüber
leistungsfähiger werden können? Namentlich aber ist es
unbestreitbar, dass die in **den** letzten Abschnitten hinsichtlich der Kreditfähigkeit und der Kreditbedürftigkeit, hinsichtlich der Entwicklung der einen und der Befriedigung
der andern entwickelten Bemerkungen auf Handel und
Gewerbe in noch grösserem Masse, in noch handgreiflicherer
Weise anwendbar sind, als auf die Bodenkultur. Er bedurfte
nicht erst der traurigst eindringlichen Erfahrungen der jüngsten, seit zehn Monaten andauernden Krisis, um alle Welt
zu überzeugen, dass die Unzulänglichkeit unserer Kapitals-
und Kreditmittel eines der fühlbaresten Hemmnisse unseres
volkswirthschaftlichen Fortschrittes begründet, und dass die
Selbstständigmachung des ungarischen Umlaufs- und Kreditwesens in erster Reihe geeignet wäre, jenes Hemmniss beseitigen zu helfen.

Ich knüpfe an das nationale Bankwesen keine übertriebene Hoffnung. Ich halte dasselbe keineswegs für berufen, dem Grundbesitz und der Boden-Industrie unmittelbar die gewünschten Erwerbs- und Betriebskapitalien zuzuführen; ich weiss kaum, ob überhaupt die Hypothekar-
Darlehen, selbst als N e b e n geschäft, bei einer Zettel- und
Eskompte-Bank ganz am Orte sind. Eben so wenig möchte
ich auch nur indirekt den Irrglauben fördern, als wenn
das selbstständige ungarische Bankwesen a l l e n Kapitals-
Bedürfnissen und a l l e n Kredit-Anforderungen, natürlich

immer nur die mehr weniger berechtigten verstanden, genügen müsse oder auch nur genügen könne; Solches haben nur die John Laws und Konsorten geträumt; die volkswirthschaftlichen Annalen verzeichnen in fast blutigen Zügen, wie schrecklich das Erwachen für Täuschende und Getäuschte war. Auch kommt es mir nicht in den Sinn, die Banknote als das letzte Wort, **als** die höchste Vollkommenheit im Umlaufs- und Kreditwesen zu betrachten; **gerade in den** volkswirthschaftlich fortgeschrittensten Ländern (**England z. B.**) **ist** das Banknotenwesen seit einem Vierteljahrhundert stationär geblieben und hat verhältnissmässig an Bedeutsamkeit eingebüsst. Für ausgemacht gilt mir aber, erstens: dass in dem volkswirthschaftlichen Entwicklungsstadium, wo Ungarn sich heute befindet, die Banknote oder das Geldpapier noch eine wichtige Rolle **zu** spielen hat, als Behelf zur Erleichterung und Belebung des Umlaufes, wie um den Geschäfts-Kapitalien raschere Beweglichkeit und grössere Fruchtbarkeit zu sichern; zweitens, dass dieser Aufgabe in viel ausreichenderem Masse genügt wird, wenn der Organismus von uns selbst manipulirt **wird**, wenn der Manipulationsherd sich auf unserem **Gebiete**, in dessen selbsteigenem Mittelpunkte befindet. Wie schon erwähnt, ich bezweifle nicht das **Wollen** der National-Bank, Ungarn aller Vortheile des Notenwesens theilhaftig **werden** zu lassen; ich bestreite das **Können**. Eine einzige Notenbank, und wäre sie die stärkstdotirte und bestgeleitete, ist kaum im Stande, den Kapitals- und Kredit-Bedürfnissen eines Komplexes von nahe elftausend Geviertmeilen und einer Bevölkerung von fünfunddreissig Millionen Seelen zu genügen; am allerwenigsten vermag sie dies, wenn dieser Flächenraum und diese Bevölkerung zwei gesonderte Kreise bilden, deren jeder sein eigenes volkswirthschaftliches Leben hat.

Zu den vorstehend entwickelten allgemeinen Hemmnissen der volkswirthschaftlichen Entwicklung — deren

Zurückbleiben auch das Gesunden unserer staatsfinau-
ziellen Verhältnisse nahezu unmöglich macht — gesellt
sich bezüglich der Handels- und Gewerbe-Interessen noch
der, in unserer ganzen nationalen Richtung und Erziehung
begründete Missstand, dass sie an massgebender Stelle
lange nicht die Würdigung **finden**, welche ihnen im modernen Staats- und Wirthschaftsleben zukommt. Allerdings
haben wir — da auch betreffs der Anzahl der Portefeuilles
dem ausgedehntesten Luxus gefröhnt werden musste — ein
eigenes volkswirthschaftliches Ministerium geschaffen; dasselbe befand sich bisher durchgehends, auch das mag zu-
gestanden werden, in den Händen ehrlicher und gewiss
von guten Absichten beseelter Patrioten. Aber auch der
Weg zur Hölle ist, wie das französische Sprichwort sagt,
mit den besten Absichten gepflastert. Die entsprechenden
T h a t e n blieben aus, weil auch hier, wie in anderen Fach-
Ministerien, das bureaukratische Element einerseits, andererseits das grauhaarige oder schwarzlockige, das bezopfte
oder beschnurbartete Táblabiróthum zu sehr vorherrscht;
es fehlt das p r a k t i s c h - f a c h m ä n n i s c h e Element,
welches allein im Stande ist, die vielgestaltigen und wan-
delhaften Bedürfnisse des Tages und die Mittel zu deren
Befriedigung richtig zu erfassen. Wenn unser aristokrati-
sches Wesen es durchaus nicht gestattete, die oberste Leitung der Handels- **und** Gewerbe-Interessen einem praktischen Geschäftsmanne anzuvertrauen, so mussten derartige
Elemente an zweiter, dritter Stelle verwendet werden; freilich liessen sich dann weniger „Familiensöhne" unterbringen, und entginge ein Mittel, politische Verdienste oder
Dienste zu belohnen und anzueifern! ... Wer wird es in
Abrede stellen, dass unsere heutige Finanzmisère vermieden
oder wenigstens bedeutend gemildert werden konnte, wenn
Kerkápoly seinem Ministerium den Beirath und die Mitwir-
kung auch nur E i n e s praktischen Finanzmannes gesichert
hätte? . . .

Das gilt mehr weniger auch vom R e i c h s t a g e, und
ist dies freilich zum grossen Theil die eigene Schuld der
handels- und gewerbetreibenden Wählerkreise, die nicht
genügend für die unmittelbare Vertretung ihrer Interessen
sorgen; welch' ganz anderes Bild bietet diesbezüglich die
Zusammensetzung des Wiener Reichsrathes! Nur die angedeuteten Umstände machen es begreiflich, dass z. B. Han-
delsverträge mit China, mit Siam, mit Japan geschlossen
werden, aber nicht dafür gesorgt wird, dass der ungarische
Gewerbetreibende und Kaufmann unseren natürlichen und
nächsten Kunden, in der Türkei und den unteren Donau-
staaten, mit Beruhigung für fünfhundert Gulden Waaren
verkaufen, das heisst auf die eventuelle gerichtliche Ein-
bringung seiner Forderung zählen könne; oder dass Regierung und Reichstag die grösste Gleichgiltigkeit und Re-
gungslosigkeit bekunden, wenn darüber geklagt wird, dass
von den in die Millionen Gulden gehenden und auch mit
u n s e r e n Steuerpfennigen bezahlten Lieferungen für die
gemeinsame Armee unser Handels- und Gewerbestand systematisch ausgeschlossen ist; oder auch, dass Millionen für
die V e r s c h ö n e r u n g der Hauptstadt, für Boulevard- und
Quaibauten aus Landesgeldern verwendet werden, während
die vielversprochenen Entrepots noch immer auf sich warten
lassen und man es ruhig geschehen lässt, dass Budapest,
welches Lage und Verhältnisse zu einer bedeutenden Han-
delszukunft berufen, gerade in k o m m e r z i e l l e r Beziehung
von Jahr zu Jahr z u r ü c k g e h t, — wie dies das statisti-
sche Amt der Hauptstadt erst dieser Tage mit unwiderleg-
baren Zahlen nachgewiesen . . . Es fehlt eben in den aus-
schlaggebenden Kreisen zum grossen Theil noch das Verständniss oder, der Sinn für die moderne Werthschätzung
der „Arbeit" und der mit ihr zusammenhängenden Handels-
und Erwerbsthätigkeit.

Wir sind im Zuge, die Grenze zu „entmilitarisiren",
gewiss ein verdienstliches Werk. Nicht minder nöthig und

erspriesslich wär's vielleicht, das Land — wenn der Ausdruck gestattet ist — zu entorientisiren ... So lange das nicht geschehen, mag der Reichstag die geistvollsten Steuergesetze erlassen; die Steuerfähigkeit und somit das Steuererträgniss wird eher ab- denn zunehmen.

XX.

Auf Einen Punkt noch möchte ich aufmerksam machen, ehe ich zu dem Ausgangspunkt dieser Studie, den eigentlichen Finanzfragen, zurückkehre. Er berührt das Gesammtgebiet unseres **Wirthschaftslebens** und liegt in der Unzulänglichkeit nicht nur der materiellen Aushilfs-Arbeitskräfte, sondern mehr noch **der** selbstständigen, mit Intelligenz und **Kapital** ausgestatteten, sonach wirklich schaffenden und fördernden Arbeitskräfte. Von ersterem **Mangel** wurde bereits gesprochen und auf **die** Mittel hingedeutet, wie demselben durch die bessere Ausnützung der vorhandenen Arbeitskräfte theilweise abzuhelfen wäre (siehe Abschnitt XIV); gründliche **Abhilfe** in dieser Richtung und zugleich Behebung des zweitgenannten Mangels ist jedoch nur mittelst Heranziehung neuer Arbeitskräfte erreichbar. Rund heraus gesagt: wir brauchen Einwanderer, brauchen Kolonisten.

Dass Raum für sie **vorhanden** ist, unterliegt wohl keinem Zweifel. Bei einem fruchtbaren und durchgehends bewohnbaren Boden zählt Ungarn 2750 Einwohner auf die Geviertmeile; dagegen erhält Cisleithanien deren 3900, Frankreich 3800, Deutschland 4000, Italien 4900, Grossbritannien 5500, Holland 6100, Belgien 9400. Der Durchschnitt dieser sieben Staaten oder Staatengruppen macht 5300 Einwohner per Geviertmeile, beinahe das Zweifache unserer relativen Bevölkerungszahl; Ungarn könnte nach diesem Massstabe noch an 15 Millionen Einwohner aufnehmen. Wir begnügen **uns** mit dem zehnten, mit dem fünfzehnten Theil dieses Zuwachses; dass es diesen, das heisst ein bis anderthalb Millionen Einwohner, bequem unterbringen und ihnen reichliche Erwerbsmittel bieten könnte, wird auch der verkörperte Pessimismus zugeben.

Was aber ein stetiger Zufluss an lebens-, that- und arbeitskräftigen Elementen für ein ungenügend bevölkertes und ungenügend ausgenütztes Land zu bedeuten hat, davon gibt namentlich Nordamerika die glänzendste Kunde. Wenn die transatlantische Republik in dem Halbjahrhundert 1820—70 ihre Bevölkerung von 9,638.000 auf 38,135.000 Einwohner, die ihrer Verkehrsmetropole (New-York) von 123.700 auf 944.100 Einwohner sich erheben sah; wenn sie zu Ende der genannten Periode die riesige Produktionsziffer von sechs Milliarden achthundertfünfundzwanzig Millionen Dollars (= 13.650,000.000 fl. Silber) erzielte, — so verdankt sie diese wunderhaften Fortschritte, nächst ihrer freisinnigen Verfassung und Gesetzgebung, vornehmlich der stetigen Einwandererzuströmung, welche sie in jeder Weise begünstigt. Ungarn, das keine Yankee-Bevölkerung besitzt, dem das „go-ahead" (Vorwärts!) noch lange nicht zur Lebensmaxime geworden, Ungarn müsste von einer derartigen stetigen Infusion neuen Blutes, von dem ewigen Ansporn solch' neuer Zuflüsse verhältnissmässig noch grösseren Nutzen ziehen als selbst Nordamerika. Ich konstatirte vorhin, dass wir aus Mangel an materieller und geistiger Befruchtungskraft wie aus Mangel an Kapital unserem von der Natur bestbegabten Boden kaum den dritten Theil des Ertiägnisses, dessen Keim er in sich birgt, abzugewinnen vermögen; die letzte Volkszählung (1870) belehrt uns andererseits, dass im Ganzen die Industrie bei uns nur 646.964 Personen oder 4·19 Prozent der Bevölkerung, der Handel vollends nur 133.582 Personen oder 0·86 Prozent der Bevölkerung beschäftigt! Da ist ernstliche Entwicklung, auch nur relatives Schritthalten mit dem übrigen Europa kaum denkbar. Und wie nicht einsehen, dass ein bedeutsamer

Zufluss jener Elemente, welche Geld, Intelligenz und Kraft
alljährlich über den Ozean tragen, einer der kräftigsten
Behelfe zur Beseitigung oder Abschwächung jener Uebelstände wäre?

Ein freisinniges Einwanderungs- und Einbürgerungs-
gesetz reicht nicht. Der Einwanderer will in der neuen
Heimat auch vollkommene Sicherheit der Person, des
Eigenthums und seines Verkehrs finden. Das erheischt freilich eine gründliche Reform unserer Gerichtsverfassung und
Praxis, unseres Verwaltungsschlendrians, unserer Handels-
und bürgerlichen Gesetzgebung; aber diese Reformen —
ich glaube es genügend nachgewiesen zu haben — sind
ja schon durch das Interesse unserer heutigen Bevölkerung
und der Gesundung unserer Staatsfinanzen dringendst geboten. Ich würde ohne Anstand viel weiter gehen. Ich erachte die volkswirthschaftlichen und staatsfinanziellen Vortheile eines gesunden Einwandererzuflusses unter unseren
Verhältnissen für so unbestreitbar und so bedeutsam, dass
ich auch vor unmittelbaren Opfern nicht zurückschrecken
würde; um so weniger, als sie nur vorübergehend und
scheinbar sein könnten. Der Staat besitzt an vier Millionen
Joch Waldungen, deren grosser Theil aus Mangel an Kapital, Arbeitskraft und Absatzquellen noch in Jahrzehnten
nicht erschlossen sein dürfte, also absolut erträgnisslos ist;
im Kronstädter Forst-Distrikt allein harrt ein solcher Komplex von 400.000 Joch noch immer der ersten Ausnützungs-
Arbeiten und wird auf sie lange noch warten, da selbst
die Marmaroser und die Grenzwaldungen, von den Pächtern
und respektive Käufern aufgegeben, wieder an den Staat
zurückfallen. Wo wäre das Uebel, wenn wir, dem erfolgge-
krönten Beispiele Amerika's folgend, gewisse Flächen zum
billigsten Preis (in den Vereinigten Staaten 1 Dollar per
Acre) den mit der nöthigen Kapitals- und Arbeitskraft ver-
sehenen Einwanderern zur persönlichen Urbarmachung
und Ausnützung überliessen? Der mächtige Impuls, welchen

hiedurch unsere Landwirthschaft in erster Reihe, mittelbar unser gesammtes Verkehrsleben und dadurch unsere Steuer- und Leistungsfähigkeit erhielten, würde — auch wenn man die Frage nur von der engsten, blos staatsfinanziellen Seite auffasst — den scheinbaren Verlust der billigen parzellenar- tigen Eigenthumsveräusserung reichlichst aufwiegen.

Einen Einwurf sehe ich voraus: „Die Einwanderer werden vorwiegend Deutsche sein." Gewiss in jeder Beziehung vortheilhafter, als wenn's vorwiegend Walachen und Serben wären. „Ganz richtig, aber auch die deutsche Einwanderung ist ein Uebel." Das leugne ich, nämlich die Gefahr, welche hierin für unsere nationale Entwicklung liegen soll. Ungarn hat oft Germanisirungsversuche von oben oder von aussen her abzuwehren gehabt; seine deutsche Bevölkerung hat sich derselben nie schuldig gemacht. Unter allen nichtmagyarischen Elementen unserer Einwoh- nerschaft ist es gerade das deutsche, welches sich am raschesten und getreuesten den vaterländischen Interessen und Bestrebungen anschmiegt. Es liegt dies in der Natur des Deutschen; er bethätigt diese moralische Akklimatisa- tionsfähigkeit eben so gut in Amerika, in Australien, in Frankreich, wo immer er eine neue Heimat sucht und findet. Und inwieweit die Zukunft Bedrohungen für die ungarische Nationalität in ihrem Schoosse bergen sollte, ist der deutsche Zuwachs, anderen Elementen gegenüber, eher ein Zuwachs an Stärke als an Gefahr; das hat auch 1848 hinlänglich bekundet.

XXI.

Förderung der schaffenden und erwerbenden Thätig- keit durch die liberale Reform unserer Gesetzgebung, na- mentlich der auf das bürgerliche und das Verkehrsleben bezüglichen Gesetze; durch die Erweiterung und Verbesse- rung unserer heimischen und internationalen Kommunika-

tionsmittel wie durch ernstere und energischere Vertretung
unserer Verkehrsinteressen im Auslande; durch Entfaltung
und ergiebigere Ausnützung der vorhandenen und Heranziehung neuer Arbeitskräfte; durch **Hebung** des Fachunter-
richtes und Verbreitung desselben **bis in** die untersten
Schichten der wahrhaft arbeitenden Bevölkerung; durch
Selbstständigmachung des ungarischen Umlaufs- und Kreditwesens: — das ist im Grossen und Ganzen, nach den
Ausführungen der vorangehenden Abschnitte, der einzig
sichere Weg, **um mit dem** Wohlstande der Nation auch
ihre Leistungsfähigkeit, **mit dem** Volkseinkommen auch
das Staatseinkommen zu steigern, oder: **die** Finanzlage
ernstlich zu bessern, **eine** staatsfinanzielle Zukunft zu
schaffen, die all' den berechtigten und vielgestaltigen
Anforderungen, welche die moderne Gesellschaft an den
Staat stellt, zu genügen vermöge, ohne die steuerzahlende
Bevölkerung überbürden und ohne ewig mit dem Defizit
kämpfen zu müssen. „Der einzig richtige Weg", sage ich,
und möchte **dies im strengen Sinne** des Wortes verstanden
wissen. Ich kann **mich** täuschen, und wird es mich sehr
freuen, von den Ereignissen dementirt zu werden; bis dahin vermag ich der Befürchtung mich nicht zu entschlagen,
dass, so lange unsere patentirten Staatsdoktoren an den
äusseren Krankheits-Erscheinungen des Staatshaushaltes
herum operiren, ohne **auf** deren Grundursachen zurückzu-
gehen, so lange sie **den** Ausschlag mit Salben und Poma-
den oder mit Schönpflästerchen bannen wollen, ohne an
eine Erfrischung des Blutes, **an eine Erneuerung** der
Lebenssäfte sich zu wagen, — **die** ernstliche Heilung des
Patienten nicht **zu** erhoffen ist. Man kann auf dem Papier
einige Millionen von Ausgaben streichen und die Steuerpflichtigkeit **um** einige Millionen erhöhen; aber wenn
nicht gleichzeitig für die Hebung der Volkswohlfahrt und
der Steuerfähigkeit gesorgt wird, entgehen wir nicht der
unliebsamen Alternative, dass entweder manche der

vitalsten Landesinteressen unbefriedigt bleiben, oder das papierene Gleichgewicht des Staatsvoranschlages regelmässig im Rechnungsabschlusse ein Defizit herausstellt.

Meinerseits will ich keineswegs gesagt haben, dass wir in Anhoffung der gesteigerten Leistungsfähigkeit und der erhöhten Staatseinnahmen der **Zukunft** den gegenwärtigen Ausgabenstand unverkürzt belassen **mögen**. Ich bin nicht Optimist genug, um Anhoffungen für **Wirklichkeit** zu nehmen; überdies wär's auch bei höherer Steuerfähigkeit **und** gesteigertem Staatseinkommen weder moralisch, noch rechtlich, noch politisch gestattet, das Steuererträgniss anders als zu wahrhaft nützlichen und unabweisbaren Ausgaben zu verwenden. Ausgaben ganz anderer Art nehmen aber in unserem Staatsvoranschlage einen **sehr** breiten Platz ein. Unser angeborener Hang zur Leichtlebigkeit, gefördert durch die von geschichtlichen Erinnerungen sich nährende Grossmachtssucht wie durch die günstigen volkswirthschaftlichen Verhältnisse der Jahre 1867 und 1868 veranlasste auch den achtenswerthen Theil der seit 1866 aufeinander gefolgten Ministerien (**von dem andern Theil** wollen wir lieber ganz schweigen): den Staatshaushalt **des** wieder zum verfassungsmässigen **Eigenleben** gelangten ungarischen **Staates** in einer Weise zu organisiren, welche dessen Leistungsfähigkeit weit übersteigt. Unsere „leitenden Klassen" scheinen die Prinzipien, oder richtiger die Prinzipienlosigkeit, welche namentlich in früherer Zeit ihre **Privat**wirthschaft charakterisirte, auf die Staatswirthschaft übertragen **zu haben; das Ergebniss** musste **Misswirthschaft** sein: möglichst **wenig**, bestenfalls höchst oberflächlich rechnen, von der Hand in den Mund leben, Prunk und Glanz als Existenznothwendigkeit betrachten, die Frage des Gleichgewichtes zwischen Einnahmen und Ausgaben als Kleinlichkeits-Krämerei behandeln, für den morgigen Tag den Gott **der** Magyaren sorgen lassen und an das Uebermorgen gar nicht denken! **Da musste** kommen, **was ge-**

kommen ist: das Defizit regelmässig wiederkehrend, das Schuldenmachen ebenso regelmässig als einziger Behelf wiederkehrend, am Ende auch das Versagen dieses verzweifelten Auskunftsmittels, und als dessen Folge die Nötbigung zur Ein- und Umkehr . . . .

Darüber kann wohl bei dem hohen Umfange unseres Defizits (siehe Abschnitt V und VI) kein Zweifel obwalten, dass die Wiederherstellung des Gleichgewichtes durch eine blos einseitige Operation kaum erreichbar ist. Um Bedarf und Bedeckung in das richtige Verhältniss zu bringen, genügt es keinesfalls, die Steigerung der letzteren oder die Herabminderung des ersteren anzustreben; es dürfte, selbst mit den grössten Anstrengungen und Opfern kaum möglich sein, auf die Dauer die Einnahmen um 50—60 Millionen zu erhöhen oder die Ausgaben um diesen Betrag zu vermindern. Den Bemühungen zur Steigerung der Leistungsfähigkeit und des effektiven Staatseinkommens der Zukunft muss sonach, im Interesse der Gegenwart und der Zukunft, eine durchgreifende Herabminderung der Ausgaben zur Seite gehen.

Man erwartet von uns wohl nicht, dass wir, den Rothstift in der Hand, den Staatsvoranschlag postenweise korrigirend und streichend durchgehen; das überschritte die Aufgabe und den Rahmen dieser Studie. Höchstens dürften einige allgemeine Andeutungen über Richtung und Umfang der gutmöglichen Streichungen gestattet sein.

XXII.

Der Hang zur unbedachten, die verfügbaren Mittel übersteigenden Prunksucht offenbarte sich schon in der Organisation, welche 1867 dem ungarischen Ministerium gegeben worden. Für Krieg, Marine und Auswärtiges sorgt die Gemeinsamkeit; es entfallen somit im spezifisch ungarischen Kabinet drei Portefeuilles, welche in anderen

Verfassungsstaaten zu den wichtigsten zählen. Demungeachtet zählen wir zehn Ministerfauteuils, während vollständig autonome Staaten sich mit 6—7, höchstens 8 begnügen. Mit diesem, weder unseren politischen noch unseren finanziellen Verhältnissen entsprechenden Prunk muss je **rascher** aufgeräumt werden; umsomehr, **als dies** ohne die geringste Schädigung der öffentlichen Interessen durchführbar ist . . .

Welchem dringenden Bedürfniss entspricht z. B. **das** sogenannte k r o a t i s c h e M i n i s t e r i u m, namentlich heute, nachdem der revidirte Ausgleich nicht blos den Schwerpunkt, sondern die ganze Leitung der spezifisch-kroatischen Angelegenheiten nach Agram verlegt? Zur einfachen Vermittlung des offiziellen Verkehrs zwischen Budapest und Agram reicht die Kanzlei des Ministerpräsidiums vollkommen aus; es gehört dies ganz naturgemäss in ihren Bereich

Ein Gleiches gilt von den „Funktionen" des „M i n i s t e r s u m d i e P e r s o n d e s K ö n i g s". Der Posten hatte einen Sinn in der 1848er Verfassung, wo Ungarn mit Oesterreich ausser der Persönlichkeit des Regenten nichts gemein hatte, wo es eine vollkommen selbstständige Regierung besass; es war logisch, unerlässlich, diese an der Seite des ausserhalb des Landes weilenden Monarchen vertreten zu lassen . . . Nach dem G.-A. XII: 1867 jedoch finden die Interessen Ungarn's, soweit sie eben nicht spezifisch-ungarischer Natur und deshalb in Wien zu erledigen sind, ihre Vertretung im gemeinsamen Ministerium; die gemeinsamen Interessen vertritt ausserdem die Delegation; der Monarch verweilt im Durchschnitt die Hälfte des Jahres in Ungarn; zwei bis drei ungarische Minister befinden sich immer auf der Bahnstrecke zwischen Wien und Budapest; der Telegraf gestattet in anderen Fällen die rascheste Mittheilung und Verständigung. Was soll da der ungarische Hofminister? Die Zustellung einiger Ordensbändchen wird wohl auch die Präsidialkanzlei besorgen können.

Eine Sinecure ist gleichfalls das **Ministerpräsidium** und wird es bleiben, auch wenn es die hochwichtigen
anonymen Agenden der ebengenannten zwei Ministerien
aufsaugt. Das Ministerpräsidium als solches ist in den meisten Verfassungsstaaten unbekannt; gewöhnlich gehört die
Leitung des Kabinets dem Besitzer des bedeutendsten Portefeuilles oder dem bedeutendsten Portefeuille-Inhaber. Warum
dies nicht auch bei **uns**, namentlich angesichts der notori-
schen Armuth an Geld und an Kapazitäten, zur Regel
machen, wie es seit einigen Wochen aus Noth thatsächlich besteht?

Nicht die Finanznoth des **Tages** und der jetzt so
allgemeine Ruf nach Ersparnissen **hat diese** Bemerkungen
eingegeben; ich habe sie längst im Reichstage selbst ausgesprochen, speziell bei Verhandlung des Staatsvoranschla-
ges für 1873. Bei derselben Veranlassung verlangte und
begründete ich auch die Auflassung des besonderen **Han-
dels- und Gewerbe-Ministeriums**. Was soll es auch?
Post und Telegraf, **welche** dessen wichtigsten Verwaltungs-
zweig bilden, gehören naturgemäss in **den** Bereich des
Kommunikations-Ministeriums; **sie** gewinnen nur, wenn sie
in Einer Hand mit dem Strassen- und dem Bahnwesen **ver-
einigt sind. Das land-** und volkswirthschaftliche Unterrichtswesen **hat** der Reichstag längst dem Unterrichts-Ministerium **zugewiesen; die** Quarantaine-Anstalten und die
Massregeln gegen Viehseuche stehen dem Ministerium des
Innern **zu**, welche das Polizei- und Sanitätswesen leitet.
Was verbleibt **von** den Agenden **des** heutigen Gewerbe-
und Handels-Ministeriums? ... Ein einziger wichtiger oder
wenigstens kostspieliger Zweig: die Pferdezucht, für welche
selbst im Jammerjahre 1874 eine Brutto-Ausgabe von
2,746.283 fl. (Netto: 696.759 fl.) in's Budget eingestellt ist,
ein Ausgabsposten, der zu unserer schreienden Misère wie
die Faust auf's Auge passt. Allerdings ist der Sport echt
englisch und der Engländer höchst praktisch; nur verges-

sen unsere Sportmänner, dass in England Staat und Regierung absolut nichts zu schaffen haben mit dem Derby, wiewohl derselbe Nationaltag ist.

Die Vereinigung des Handels- und des Kommunikations-Ministeriums ist seit Ende vorigen Jahres thatsächlich vollzogen in der Person des Grafen Josef Zichy. Allerdings nur aus Noth; dem Handelsminister wurde das Kommunikations-Portefeuille aufgenöthigt, weil sich absolut kein Nehmer für dasselbe fand. Wir wollen hoffen, dass die Vereinigung nicht **wieder** aufgehoben wird ... Leider beeilt man sich bei **uns in der** Regel, — nicht etwa das Verfehlte gut zu machen, sondern das zufällig Gutgemachte wieder zu verderben. Daher das Projekt zur Bildung eines eigenen A c k e r b a u - M i n i s t e r i u m s. Wir glauben im Verlaufe dieser Studie hinlänglich bekundet zu haben, dass wir die Wichtigkeit des Feldbaues **im** Allgemeinen, ganz besonders aber für Ungarn, im vollen Umfange zu würdigen wissen; trotzdem vermögen wir angesichts der heutigen Finanz-Misère die absolute Nothwendigkeit dieser neuen Schöpfung und der mit ihr verbundenen Ausgabe von wenigstens 300.000 fl. nicht einzusehen. Ausser Regen und Sonnenschein zur rechten Zeit, bedarf der Ackerbau zu seinem Gedeihen vornehmlich drei Dinge: allgemeine und Fachschulen, um eine intelligente, arbeitslustige und für den Fortschritt empfängliche Bauernbevölkerung heranzubilden; billiges Geld und leichten Kredit, um das bessere **Wissen** und Wollen **praktisch** verwenden **zu** können; genügende Kommunikationen, um den Ergebnissen der gesteigerten Intelligenz und der erhöhten Thätigkeit den lohnenden Absatz zu sichern. Für das Erste hat der Unterrichtsminister, für das Zweite der Finanzminister, für das Dritte der Kommunikationsminister zu sorgen; was soll und vermag der spezielle Ackerbauminister? Es soll hiemit keineswegs in Abrede gestellt werden, dass zur Förderung des Ackerbaues von oben herab so Manches ge-

scheben kann und muss; wir haben das vorhin nachdrücklich genug betont (siehe Abschnitt XVII und XVIII). Aber
was ich nicht zugebe, ist, dass dies nicht vollkommen durch
eine gutbesetzte und rationell geleitete Abtheilung, z. B.
des Ministeriums des Innern, besorgt werden könne. Wer
„Land und Leute" bei uns kennt, dürfte keinen Augen-
blick es bezweifeln, dass die Gründung eines selbstständigen Ackerbauministeriums vor Allem die zweifache Folge
haben wird: Schaffung einiger Dutzend von Sinecuren im
Centrale und auf dem Lande (Inspektoren u. s. w.); noch
tieferes Erschlaffen der Selbstthätigkeit (die allein im
Grunde wirkliche Hilfe zu schaffen vermag) und Steigerung der Anforderungen, mit welchen Denkfaulheit und
Opferscheu immer den Staat bestürmen. Und zur Förderung
dieses Doppelzweckes soll heute ein neues Ministerium
geschaffen werden?!

Man scheint dessen gründliche Ueberflüssigkeit denn
doch zu ahnen; um sie einigermassen zu mildern oder zu
verdecken, sollen die Staatsgüter, Forste und Bergwerke
vom Finanzministerium ausgeschieden und dem projektirten
Ackerbauministerium zugetheilt werden. Das fehlte noch!
Das Finanzministerium, welches Bodenkultur, Forstwesen
und Bergbau nur nebensächlich betreibt, verlaborirt an denselben jährlich mehrere Millionen Gulden; wenn vollends
ein Fachministerium sie zum Gegenstande seiner „besonderen Sorgfalt" macht, dürften bald die Dutzende von Millionen kaum zureichen. Nicht die Verwaltungs-Behörde,
sondern der Besitzstand dieser Immobilien ist zu wechseln.
Wir kommen hierauf zurück.

Vier Ministerien wenigstens können somit ohne Beeinträchtigung des öffentlichen Dienstes aufgelassen werden.
Es entfallen dann die 60.000 fl., mit welchen der Hofminister und die 43.750 fl., mit welchen der kroatische
Minister in das Budget für 1874 eingestellt sind. Das Ministerpräsidium beansprucht 329.080 fl.; angenommen, dass

der Dispositionsfond (200.000 fl.) und die Repräsentations-
zulage (30.000 fl.) jedenfalls dem Präsidenten des Kabinets verbleiben, welches Portefeuille er sonst inne habe, so
sind 99.080 fl. zu erübrigen. Zu streichen sind gleichfalls
die 160.868 fl., welche die Zentral-Leitung des Gewerbe-
und Handels-Ministeriums beansprucht. Macht zusammen
immerhin eine Kostenherabminderung von 363.698 fl.; unter
unseren Verhältnissen ein gewiss nicht zu unterschätzender
Betrag. Es ist kaum nöthig zu bemerken, dass wir viel höher
noch den moralischen Gewinn der hiedurch eingeschla-
genen rationelleren Richtung schätzen: die ernstliche Be-
thätigung des Entschlusses, mit dem asiatischen Schleuder-
System endlich zu brechen und europäisch zu wirthschaften.

Man entgegnet vielleicht, dass die Agenden der auf-
gelassenen Ministerien immerhin ihr Personal beanspruchen
und somit die auf der einen Seite gestrichenen Ausgabsposten sich, wenigstens zum grossen Theile, an anderer
Stelle wiederfinden werden. Es gälte dies, wenn die Ministerien, welchen jene Agenden zufallen, so sehr überladen
wären, dass sie einen Arbeitszuwachs ohne entsprechenden
Zuwachs von Arbeitskräften nicht zu bewältigen wüssten.
Das steht durchaus nicht. Es ist leicht, das Gegentheil nachzuweisen, wie auch, dass überhaupt unser Beamtenheer die wirklichen Erfordernisse des öffentlichen Dienstes vielfach übersteigt.

XXIII.

Vor drei Jahren schon habe ich im Reichstage (24. Jänner 1871) darauf hingewiesen, dass unser Beamtenheer
wenigstens um die Hälfte zu gross und trotzdem — oder
vielleicht deshalb — die Leistung unbefriedigend ist. Ich
wies unter Anderm nach, wie das Ministerpräsidium
in Frankreich zur Glanzperiode des zweiten Kaiserreiches
— (das Präsidium hatte „Vizekaiser“ Rouher inne und er
beherrschte fast die Politik Europa's, abgesehen von der

Leitung der inneren Angelegenheiten einer fünfunddreissig
Millionen Seelen starken Bevölkerung!) — mit siebzehn
Beamten ausreichte, während das ungarische Ministerpräsidium deren dreissig bezahlte; dass die Zentralleitung
in allen Ministerien 1230 Beamte mit einem Kostenaufwand
von 2,817.660 fl. beanspruchte, was ein Mehr von 32 und
bezüglich 27 Perzent **gegen Cisleithanien** macht, dessen
Bevölkerung um dreissig Perzent die unsrige übersteigt ...
Seitdem hat der Beamtenluxus eher zu- denn abgenommen,
wenn auch in den letzten Monaten manche augenfällig
nutzlose Stelle unterdrückt worden. Das Finanzministerium z. B. erscheint noch im jüngsten Voranschlage
mit einer Zentralleitung von 657 Beamten (Bezahlungsetat:
801.891 fl.), unbeschadet der Unzahl jener Beamten, welche
ihm ausserhalb der Zentrale unterstehen, wie: Finanzdirek-
tionen und Rechnungsabtheilungen (180 Beamte in Budapest, 827 in der Provinz und 103 in Kroatien), Staats-
kassen, Finanzinspektionen und provisorischer Kataster in
Kroatien (110 Personen), Steuerämter (1650 Personen in
Ungarn und 250 in Kroatien), Finanz-, Zoll- und Steuerwache (3423 Personen in Ungarn und 1343 in Kroatien)
u. s. w. Die Annahme schiene berechtigt, dass bei diesem
überstarken Beamtenstand das Finanzministerium wenigstens das gesammte Verrechnungswesen des Staatshaushaltes besorge; nichtsdestoweniger erscheint das Kul-
tusministerium mit einem Personal von achtundsechzig
Rechnungsbeamten (Aufwand: 69.350 fl.) eingestellt,
und das Ministerium des Innern mit fünfundvierzig
Rechnungsbeamten, die 46.700 fl. kosten! **Ob** wir's
etwa gerade dieser Unmasse von Rechnern und Nach-
rechnern zu verdanken haben, dass wir uns im gesammten
Staatshaushalte **gar so** arg verrechneten? Möglich, sogar
wahrscheinlich.

Leider scheint den Regierungskreisen noch immer das
Verständniss für die Nothwendigkeit der Umkehr oder der

Wille hiezu durchaus abzugehen. Das Unwesen der Sinecuren, des überzähligen, bald unfähigen, bald unthätigen
Beamtenheeres, des orientalischen, mit den Mitteln nicht
rechnenden Luxus hat uns zum stetigen Defizit, zum ewigen
Schuldenmachen und heute nahezu an den Rand des Bankerotts gebracht, und trotzdem weiss der Finanzminister
in dem summarischen Voranschlag für 1875—77, welchen
er kürzlich veröffentlichte, auch nicht Einen Beamten zu
streichen, nicht Einen Gulden zu sparen von den 961.800 fl.,
welche heuer seine Zentral-Bureaus beanspruchen, noch von
den Millionen und Millionen, welche seine Finanz-Direk-
tionen, Rechnungs-Sektionen, Steuerämter, Finanzwachen
u. s. w. verschlingen!... Diese Unbeugsamkeit des Voranschlages zeigt jedoch nur, dass Ungarn anderer Re-
gierungs- und Finanzmänner bedarf, als derjenigen, deren
Unfähigkeit oder Unbedachtsamkeit die Misère des Tages
verschuldet hat; nicht aber, dass die Beibehaltung jener
Ausgaben unerlässlich sei.

Wer Gelegenheit hatte, sich in unseren Ministerien um-
zusehen, kann es kaum bezweifeln, dass im Durchschnitt
mit einem Drittheil des heute verwendeten Personals
auszureichen wäre. Fast alle „höheren" Beamten (und das
reicht zuweilen bis zum Konzipisten hinab) sind Mitglieder
des Reichstages; der Deputirten-Beamte fehlt in der Regel
im Reichstage (ausser wenn das Durchbringen einer Regierungsvorlage ihn zum Stimmen nöthigt), weil angeblich
seine Beamtenpflichten ihn fernehalten, und fehlt nur zu
oft im Amte, weil angeblich sein Deputirtenmandat ihn
anderswohin ruft; zwischen zwei Sesseln sitzt er wahrscheinlich auf einem dritten. Dieser Missbrauch muss behoben werden; er schädigt den öffentlichen Dienst in un-
verkennbarer Weise und ist weder mit der Unabhängigkeit
des Parlaments, noch mit den Interessen der betreffenden
Wahlbezirke gut vereinbar. Hoffentlich schafft die in Folge
des Bujanovics'schen Antrages im Dezember v. J. entsen-

dete Inkompatibilitäts-Kommission diesbezüglich baldige
und cruste Abhilfe. Hiemit würden nicht blos 30 bis 40
höhere Beamte ihren Dienstobliegenheiten wiedergegeben;
es dürfte überhaupt ein anderes Leben und Wirken in jene
Bureaux kommen, wo heute die regelmässige Abwesenheit
der leitenden Persönlichkeiten allgemein demoralisirend
wirken muss.

Dazu hilft übrigens die ganze Dienstorganisation
wacker mit. Sie sieht noch heute vielfach darnach aus,
als wenn wir's nicht mit besoldeten Angestellten der steuerzahlenden Bevölkerung zu thun hätten, sondern durchgehends — was früher bis zu einem gewissen Grade der
Fall gewesen sein mag — mit Magnatensprösslingen, die
aus Patriotismus, aus Laune, oder weil's gerade zum „guten
Ton" und zum Karrièremachen gehört, in den öffentlichen
Aemtern allergnädigst zu dilettantiren geruhen. Wo gibt
es z. B. in unserer arbeitsthätigen Zeit auch nur Eine
Klasse der erwerbenden Bevölkerung, welche in der
Lage ist, um 1—2 Uhr Nachmittags ihr Tagwerk als voll-
endet zu betrachten *), den ganzen Nachmittag und Abend
jahraus jahrein „frei" verwenden zu können? Auch der Fa-
briksherr, der Tausende von Arbeitern beschäftigt, auch
der Bankherr, der Hunderte von Millionen umsetzt, zählen
den Nachmittag noch zu den arbeitspflichtigen Stunden,
und der Beamte, welchen die vom frühen Morgen bis zum
späten Abend (und oft vergeblich!) arbeitende Bevölkerung
besoldet, soll systematisch nur halbes Tagwerk verrichten?

Dabei sieht noch die Verrichtung oft wie Spiel und
Zeitvertreib aus! Das Ministerium des Innern z. B. verwendet im Zentralbureau 29 Konzipisten. Angenommen, dass
für sie wirkliche und volle Beschäftigung vorhanden, so
bleibt es immerhin unerklärlich, wie 29 Konzipisten genügende Arbeit für die über ihnen stehenden 18 Sekretäre

---

*) Nicht nur die Ministerial-Bureaux, auch das Zollamt, die Steuerämter
u. s. w. sind Nachmittags geschlossen, und zwar selbst in der Hauptstadt.

zu beschaffen vermögen. Entweder verrichten auch Letztere blos Konzipistendienste; dann ist es ungerechtfertigt, ihnen Sekretärsrang und -Gehalt zu gewähren. Oder sie beschränken sich auf die Leitung und Ueberprüfung, welche ihr Rang anzudeuten scheint; dann müsste 29 Konzipisten gegenüber der dritte Theil der Sekretäre genügen. Aus demselben Grunde vermögen wir nicht einzusehen, wie diese achtzehn Sekretäre, wenn wir sie auch vollbeschäftigt denken, genügende Arbeit für die über ihnen stehenden 13 Sektionsräthe beschaffen sollen, die wieder 5 Ministerialräthen vorzuarbeiten haben . . . . Nicht anders ist's in den übrigen Ministerien. Durchgehends wenigstens so viel Offiziere verschiedener Grade als Gemeine. Es braucht kaum erwiesen zu werden, dass dieses einer andern Zeit und andern Verhältnissen angehörende System weder sparsam noch dem Dienst förderlich ist.

Jeder Minister glaubte eben, Dank dem erwähnten Hang zur Leichtlebigkeit und zum Prunk, alle eigenen Schützlinge und die Schützlinge aller Freunde und alle Freunde der Schützlinge unterbringen zu müssen, unterbringen zu können: — so viel möglich in den besser besoldeten Stellungen. Die Befähigung war natürlich bei solchen Anstellungen das Letzte, wonach geforscht wurde. Die Folge ist, dass fast in jedem Ressort die Arbeit auf 1 oder 2 tüchtigen und fleissigen Beamten lastet, der grosse Rest bestenfalls nur stört. Ueberdies hat man, theils im Bewusstsein jenes Fähigkeitsmangels, theils um die Stellen zu mehren, aus unserem Verwaltungs-Mechanismus sowohl in den Ministerien selbst, als zwischen diesen und den äusseren Vollzugsorganen, ein echt chinesisches Schachtelungssystem der Kontrolirung, Ueberkontrolirung, Nachkontrolirung und Oberkontrolirung gemacht, welches alle Selbstständigkeit bei den Beamten ertödtet, rasche Erledigung unmöglich macht, und bei jeder Angelegenheit, wichtig oder unwichtig, das Zehnfache dessen, was sie ver-

dient oder benöthigt, an Schreibereien und an Zeitaufwand
beansprucht. Schaffet fähige Beamte, die entsprechend besoldet, aber auch für ihr Fach mit einer gewissen Selbstständigkeit und Verantwortlichkeit ausgerüstet werden!
Der öffentliche Dienst wird dann mit einem Drittheil des
heutigen Personals und der Hälfte der heutigen Ausgaben
viel besser versorgt sein, als er es gegenwärtig ist.

XXIV.

Bei der Zentralleitung lassen sich derart bequem
anderthalb Millionen Gulden ersparen ohne Beeinträchtigung
des öffentlichen Dienstes, ja zur wesentlichen Förderung
desselben. Selbstverständlich will ich hiemit nur ein Beispiel angeführt, eine Richtung bezeichnet haben. Die
verlangte Reform darf nicht auf die Zentralverwaltung be-
grenzt bleiben; die Missstände, welche sie bannen oder
wenigstens abschwächen soll, wiederholen sich — oft
vielleicht in noch schrofferer Form — auf allen Gebieten
des öffentlichen Lebens. Die beregte Reform muss demnach
sich erstrecken: auf die Komitats- und Munizipal-Verwaltung,
auf das Steuerwesen, auf die Gerichtspflege, das staatliche
Güter-, Berg- und Forstwesen, das Unterrichtswesen, das
Gefängnisswesen, die nationale Armee u. s. w. Ueberall gilt
es, das bisherige System der Vielschreiberei, der Ueber-
zähligen, des mechanischen Schlendrians, des gegenseitigen
offiziellen Verdächtigens und Ueberwachens, zu ersetzen
durch: weniger nutzlose Schreiberei, weniger Beamte, aber
fähig, gut besoldet, zur ernsten Arbeit angehalten, mit einer
angemessenen Selbstständigkeit und entsprechender Verantwortlichkeit ausgerüstet.

Der Gewinn, welchen das Land aus diesem System-
wechsel durch rationellere und raschere Erledigung aller
öffentlichen und Privat-Angelegenheiten ziehen würde, entzieht sich der Berechnung; unbedeutend kann er nicht sein.

Die unmittelbare Ersparniss jedoch für den Staatssäckel kann jedenfalls nach Millionen veranschlagt werden, die sich theils bei den eigentlichen Verwaltungs-Ausgaben erübrigen liessen, theils — und in noch viel höherem Grade — an den sogenannten Betriebsausgaben, wodurch das verfügbare Reinerträgniss der betreffenden Dienstzweige sich um den entsprechenden Betrag steigern würde; es genügt, auf die Domänen und Forste, den Bergbetrieb, Post und Telegrafen und auf die Steuereinhebung hinzuweisen; nach dem einstimmigen Urtheile der Eingeweihten und Sachkundigen liessen sich auf jedem dieser Gebiete durch die konsequente Durchführung der eben geforderten Reform Hunderttausende erübrigen.

Dies um so eher, als mit der geforderten Reform naturgemäss eine gewisse dezentralisirende Richtung verbunden wäre, in Folge deren so mancher kostspielige Organismus ganz aufgelassen oder sehr bedeutend vereinfacht werden könnte. Höchst kompetente und durchaus nicht neuerungswüthige Fachmänner sind z. B. der festen Ueberzeugung, dass die 332 Steuerämter, welche wir in Ungarn und Kroatien mit einem Kostenaufwande von 1,656.145 fl. unterhalten, ohne jede Schädigung des Fiskus entfallen könnten; die Munizipien könnten diesen Dienst mit geringem Aufwande besorgen, und gewiss zur grösseren Befriedigung der Steuerzahlenden und mit grösserer Ergiebigkeit für den Fiskus. Auf gleichem Wege liesse sich die sehr hochgeschraubte Ausgabe (2,589.695 fl.) für Finanz-, Zoll- und Steuerwache um wenigstens die Hälfte verringern.

Die Ersparnisse in dieser Richtung lassen sich wesentlich steigern, wenn die Regierungsvorlage betreffs der Arrondirung der Munizipien zur Annahme gelangt. Ich brauche nach dem Vorangehenden kaum zu bemerken, dass ich dem Prinzip dieser Vorlage, nach welchem die Anzahl der Komitate, Distrikte und Stühle von 81 auf 51 reduzirt wird und 47 bisher autonome Ortschaften in die be-

treffenden Komitate aufgeben, u n b e d i n g t b e i s t i m m e. In
den Detail-Bestimmungen der Vorlage sind grobe Verstösse,
selbst handgreifliche Ungerechtigkeiten begangen worden;
es sind bei den neuen Gruppirungen, Zertheilungen und Zu-
theilungen die praktischen Verhältnisse des Verkehrs, selbst
die geografischen und andere natürliche Elemente nicht genügend berücksichtigt worden; die Bureauweisheit mag mit
den Thatsachen nicht genügend gerechnet haben. Selbst alt-
hergebrachte Gewöhnungen, Traditionen wollen — so weit
nicht etwa das Gemeininteresse absolut das Gegentheil fordert — bei einer solchen Umgestaltung nach Gebühr berücksichtigt sein; Kompass und Scheere dürfen nicht allein
den Ausschlag geben, soll die Massnahme nicht eine r e v o -
l u t i o n ä r e sein. All' diesen Verirrungen lässt sich jedoch
abhelfen; die Erörterungen in der Presse, das aufklärende
Einschreiten der Beeinträchtigten, die Verhandlungen des
Reichstages werden dieselben zu berichtigen haben; die
Regierung hat bereits erklärt, dass sie die Einzelbestim-
mungen ihrer Vorlage durchaus nicht als unabänderlich
betrachtet. Der Ausgangspunkt aber ist von unbestreitbarer
Richtigkeit; es gilt Anomalien zu beseitigen, welche in
jeder Beziehung auf die Lokal- wie auf die Zentral-Ver-
waltung störend einwirken.

Oder wer kann und wird es in der Ordnung finden,
dass Komplexe von kaum 20 Geviertmeilen, wie die Komitate Krassna, Turócz und Gran, oder gar von nicht ganz
11 Geviertmeilen, wie Torna, auf das gleiche Niveau gestellt
werden mit den Komitaten Bihar, Pest, Marmaros und Bács,
deren Umfang zwischen 179 bis 193 Geviertmeilen sich
beziffert? dass die 45.346, 79.273, 82.364 Einwohner der
Komitate Turócz, Liptó und Arva dieselbe Organisation
besitzen und ähnliche Lasten tragen sollen wie die 304.713,
332.613, 361.005 Einwohner der Komitate Arad, Heves und
Neutra? dass Siebenbürgen mit seinen 954.85 Geviertmeilen
in 26 Jurisdiktionen zerlegt sei, während Ungarn bei dem

vierfachen Umfange (3727·67 Geviertmeilen) deren nur 52
zählt? oder dass Flecken wie St. Georgen, Bösing, Modern
mit 3026, 4338, 5066 Einwohnern „königliche Freistädte"
vorstellen, wie Arad, Pressburg und Theresiopel mit 32.725,
46.540, 56.323 Einwohnern?

Davon abgesehen, dass der Verkehr mit 153 Jurisdiktionen die Zentralverwaltung ungemein komplizirt und erschwert, bekundet die tägliche Erfahrung, **dass die** Duodez-
komitate und Miniaturfreistädte weder die geistigen, noch
die materiellen Kräfte in sich vereinigen, welche **das auto-**
nome Gemeinleben erfordert; es müssten, um nur von den materiellen Mitteln zu sprechen, Kővár, Torna und Aranyosszék,
um ihre Verwaltungskosten zu decken, zu ihren Staatssteuern
einen Zuschlag von 19, 24, 31 Prozent einfordern, während
die Komitate Bács-Bodrog, Torontal und Temes mit einem
Zuschlag von 2·8, 2·9, 3·2 Prozent ausreichen; dass andererseits mit einem Einkommen von 1000 Gulden — und das
Jahreseinkommen mancher heutigen „Städte" bleibt hinter
diesem bescheidenen Betrag zurück — den Anforderungen
einer selbstständigen städtischen Verwaltung nicht genügt
werden kann, liegt auf der Hand. Ebenso offenbar ist's, **dass**
nur eine **neue** Auf- und Eintheilung, welche nach Umfang,
Bevölkerung und Wohlstand lebenskräftige Jurisdiktionen
schafft, uns die Möglichkeit bietet, dieselben vom Staate un-
abhängig zu machen und das Prinzip der Selbstbestenerung
und Selbstverwaltung in ausgedehntem Masse durchzuführen.
Dies **ist politisch und** finanziell ein so bedeutender Gewinn,
dass die Rücksicht auf alte Gewohnheiten oder auf Sonder-
interessen vor denselben nicht Stand zu halten vermag.

Eine Bemerkung jedoch **kann** und mag ich nicht unter-
drücken. Entschiedener Gegner der strammen Zentralisation,
überzeugter Verfechter der Munizipal-Autonomie, habe ich
seinerzeit mitgekämpft im Reichstage gegen die Verstümml-
ung dieser Autonomie durch die Gesetze XLII:1870; XVIII:
1871 und XXXVI:1872; die heute angestrebte Umkehr kann

ich daher mit Genugthuung begrüssen. Nur fürchte ich, dass
in gewissen Kreisen der Neophyteneifer über's Ziel hinaus-
schiesst und das Kind mit dem Bade ausschüttet. Eine derartige gefährliche Uebertreibung seitens unserer Neo-Dezen-
tralisten sehe ich z. B. darin, wenn heute beantragt wird:
auch das gesammte Strassen-, Kanal- und Flussregulirungs-
wesen dem Einflusse des Staates zu entrücken und den Munizipien zu überliefern. Wie nun einmal unsre Verhältnisse
beschaffen sind, ich meine: bei dem geringen Grad von Interesse oder Verständniss für die praktischen Bedürfnisse und
Schöpfungen, namentlich in Bezug auf das Verkehrsleben,
welcher die in unseren Munizipal-Versammlungen noch immer
tonangebenden Kreise charakterisirt, steht sehr zu befürch-
ten, dass jene „Reform" unser arg darniederliegendes Kom-
munikationswesen um Jahrzehnte zurückwirft, oder wenigstens auf Jahrzehnte hinaus jeden ernstlichen Fortschritt
verhindert. Ersparnisse mögen durch diese Dezentralisation
für den Staatssäckel erzielt werden, aber die scheinbaren
Ersparnisse dürften dem Lande theuer zu stehen kommen;
namentlich dürften sie die Erreichung jenes Zieles, welchem
gerade im Interesse der Gesundung unseres Staatshaushaltes
vor Allem nachgestrebt werden muss: Entwicklung der
Volkswohlfahrt und mittelbar der Leistungsfähigkeit der Bevölkerung, ernstlich hemmen, wo nicht gar unmöglich machen.

XXV.

Kaum dürfte uns Jemand der optimistischen Ueberschätzung anklagen, wie wir auf acht bis neun Millionen
Gulden den Betrag der Ersparnisse veranschlagen, welche sich
im ungarischen Staatshaushalte durch die im vorhergehenden
Abschnitte entwickelten Reformen im Laufe der nächsten
Jahre erzielen lassen... Der Gesetzvorschlag über die Arrondirung der Munizipien stellt überdies in Aussicht, dass mit derselben gleichzeitig die Anzahl der Bezirksgerichte von 375 auf

391 erhöht, dagegen die Anzahl der königlichen Gerichte von 105 auf 58 herabgemindert werden soll. Letztere Reform hat, von Anderem abgesehen, auch ernste staatsfinanzielle Bedeutung. Bekanntlich hat gerade das Justizministerium, zum Theil infolge der durchgeführten Trennung zwischen Verwaltung und Rechtspflege, seine Anforderungen rasch und unverhältnissmässig emporgeschnellt: im Jahre 1868 nur die bescheidene Summe von 2,221.000 fl. in Anspruch nehmend und noch drei Jahre später (1871) mit 3,199.000 fl. ordentlicher Ausgaben zureichend, finden wir dasselbe in das Budgetgesetz für 1874, trotz der Zeiten arger Noth, mit 11,238.007 fl. eingestellt, mehr als das Fünffache des 1868er Betrages! Auch die entschiedensten Lobredner der letzten Justizreformen wagen nicht zu behaupten, dass die ungarische Rechtspflege dem entsprechend gewonnen habe; die öffentliche Meinung will sogar von Rückgang wissen. Die Erörterung dieser Frage gehört nicht in den Rahmen unserer Studie; so viel nur glauben wir aussprechen zu dürfen, dass der Grund der beklagten Uebelstände nicht im Wesen jener Reform liegt, und eine Rückkehr zu dem früheren System, das heisst die abermalige Zusammenwerfung der Verwaltungs- und der Gerichts-Obliegenheiten, in jeder Beziehung bedauerlich wäre. Aber die von der Regierung selbst beantragte Verminderung der königlichen Gerichte um fast die Hälfte (47) bekundet hinlänglich, dass bei der vor drei Jahren unternommenen Umgestaltung nicht blos die finanziellen Verhältnisse unberücksichtigt blieben, sondern auch, unter dem Einflusse bekannter Nebenrücksichten, weit über das Bedürfniss einer guten Rechtspflege hinausgeschossen wurde. Von den acht Millionen, um welche der Ausgabenetat des Justizministeriums sich zwischen 1871 und 1874 gehoben, dürfte die Hälfte sich ohne Benachtheiligung des öffentlichen Dienstes streichen lassen, namentlich wenn bezüglich der verbleibenden Gerichtsbehörden jene Grundsätze zur Anwendung kommen, welche wir

im vorhergehenden Abschnitt bezüglich der Verwaltungsreform angedeutet, und nachdem überdies die bereits der
reichstäglichen Behandlung unterbreitete Einführung des
N o t a r i a t s den Gerichtsbehörden einen wesentlichen Theil
ihrer Obliegenheiten abnimmt und im Allgemeinen die Pro-
zesse vermindern dürfte; die **geplante** Einführung des B a g a -
t e l l v e r f a h r e n s, wie Cisleithanien **es** letzthin angenommen,
dürfte im gleichen Sinne wirken.

Mit den in den vorangehenden drei Abschnitten als wünschenswerth und durchführbar nachgewiesenen Ersparnissen
ergäbe dies eine jährliche Kostenherabminderung von rund
f ü n f z e h n M i l l i o n e n G u l d e n. Diese Herabminderungen
gelten durchgehends den sogenannten fakultativen, jedoch
regelmässig wiederkehrenden Ausgaben; letztere belaufen
sich, wie Abschnitt VI nachgewiesen, im Durchschnittsjahr
auf nahe 55·5 Millionen Gulden. Das beantragte Ersparniss
umfasste sonach weit über ein **Viertheil des** Gesammtbetrages, beiläufig 27 Prozent. Das ist jedenfalls keine unwesentliche Reduktion. Streichwüthigen oder den Optimisten, welche
wähnen, dass man Staatsausgaben ebenso leicht herabmindert, als sie rasch sich **emporschnellen** lassen, dürfte dies
ungenügend scheinen; ich gestehe unumwunden, dass ich
nicht wagen würde, mehr zu versprechen oder zu verlangen.
E s w ä r e d i e s k a u m d u r c h f ü h r b a r o h n e S c h ä d i -
g u n g u n s e r e r v i t a l s t e n S t a a t s -, G e s e l l s c h a f t s -
u n d V e r k e h r s - I n t e r e s s e n. Ich erwähnte soeben, dass
ich die Rückgabe unserer Rechtspflege an die Administrativ-
Behörden als bedauerlichen Rückschritt ansehen würde.
Ebenso möchte ich wohl auf Grundlage der **wieder herzu-**
stellenden Munizipal-Autonomie dem Komitate und der Ge-
meinde die unbeschränkte Verwaltung der specifischen Ko-
mitats- und Gemeinde-Angelegenheiten zurückerstattet, nicht
aber unter dem Vorwande der Dezentralisation oder unter
dem Drucke von Sparsamkeitsrücksichten a l l g e m e i n e Interessen dem allein kompetenten Staatsforum entzogen

sehen; ich zähle speziell den Bau und die Unterhaltung der
Vizinalwege nicht nur zu den Rechten, sondern zu den
Pflichten der Lokalorgane, möchte ihnen aber keineswegs,
wie schon im vorigen Abschnitt bemerkt wurde, das Kom-
munikationswesen, inwieweit es Landesinteressen betrifft,
überliefern; ich möchte somit weder die 4,816.703 fl., mit
welchen Strassenbau und -Erhaltung, noch die 1,401.837 fl.,
mit welchen das Wasserstrassenwesen in's Budgetgesetz für
1874 eingestellt sind, gestrichen oder auch nur wesentlich
herabgemindert sehen. Ebensowenig kann ich mit Jenen
mich einverstanden erklären, welche den Sparsamkeitsroth-
stift am Unterrichtsbudget abwetzen wollen. Aenderungen
innerhalb des Budgetrahmens mögen sehr angezeigt sein,
wie denn z. B. eine geringere Anzahl der Akademien mit
besserer Dotirung derselben gewiss nur vortheilhaft wäre.
Aber im Allgemeinen an den Unterrichtsausgaben geizen
wollen, wo noch jetzt 947.000 schulpflichtige Kinder jedes
Unterrichtes entbehren, an 1000 Gemeinden auch der Volks-
schule entrathen, und wo die gesammte Staatsausgabe für
Kulturzwecke (3,926.136 fl.) nur s e c h s u n d z w a n z i g
K r e u z e r per Einwohner beträgt: das wäre eine ebenso
ungerechtfertigte als übel angebrachte Sparsamkeit. Gewiss
lässt sich — um nur je ein Beispiel anzuführen — durch
bessere Ausnützung der Sträflingsarbeit, durch rationellere
Begebung der Schotterarbeiten, durch energischere Inanspruchnahme der Stiftungen manche Ausgabenherabminde-
rung bei den genannten drei Ministerien erzielen; aber das
dürfte mehr als aufgewogen werden durch die neuen oder
steigenden Anforderungen, welche mit der fortschreitenden
wirthschaftlichen und gesellschaftlichen Entwicklung an sie
herantreten müssen.

Mehr als fünfzehn Millionen Gulden lassen sich also
kaum in bleibender Weise von den fakultativen Ausgaben
streichen, welche die Zentral- und Lokal-Verwaltung, Rechtspflege, innere und äussere Sicherheit, Unterrichtswesen,

Verkehrswesen u. s. w. begreifen; mit anderen Worten: der jährliche Betrag dieser Ausgaben dürfte sich so bald nicht, wenn überhaupt je, unter vierzig Millionen Gulden hinabdrücken lassen ... Wir haben gesehen, dass unser Budget — da das Einkommen sich auf 140, die vertragsmässigen Ausgaben aber sich auf 122·5 Millionen belaufen — für dieselben nur 17·5 Millionen verfügbar lässt (Abschnitt III—VI); wie nun den Abstand zwischen dem verbleibenden Bedarf von 40 und der Bedeckung von nur $17^1/_2$ Millionen begleichen? ... Suchen wir, ob, was und wie sich etwa von den pflichtigen, das heisst durch Gesetz oder Vertrag scheinbar der reichstäglichen Budgetdebatte entrückten Ausgabsposten streichen lässt.

XXVI.

Zur Beantwortung dieser Frage müssen wir an die frühere Ausführung betreffs der Doppelnatur der an den ungarischen Staats- und Finanzmann herangetretenen Aufgabe erinnern: die Herbeiführung einer gesunden finanziellen Zukunft und die Feststellung der Uebergangs-Massregeln (Abschnitt XVI) Ich wiederhole es: die sofortige Herstellung des Gleichgewichtes in unserem Staatshaushalte betrachte ich als bare Unmöglichkeit; wer sie in Aussicht stellt, der treibt, wissentlich oder nicht, politisch-finanziellen Humbug. Sie ist unmöglich, weil hiezu entweder die pflichtmässigen Leistungen verkürzt, oder den unerlässlichsten Landesbedürfnissen die Bedeckung entzogen, oder endlich die Steuerforderungen ungemein hinaufgeschraubt, oder gar alle drei Massnahmen gleichzeitig in Angriff genommen werden müssten; erstere aber wäre der juridische Bankerott, die zweite begründete den staatlichen, die dritte den volkswirthschaftlichen Bankerott. Was angestrebt werden soll, weil vernünftigerweise nur das angestrebt werden kann, ist: die Sicherung des Gleichgewichtes im Staatsvoranschlage der Zukunft, und die Beschaffung der Mittel, durch welche für die Zwischenzeit das unbeseitigbare Defizit bedeckt werde. Die „Zukunft" will jedoch keine Vertagung in nebelhafte Zeitfernen bedeuten; sie hat mit dem Jahre **1877** zu beginnen. Die dreijährige **Zwischenzeit** erachte ich für vollkommen ausreichend, um eine gesunde staatsfinanzielle Lage herbeizuführen, um nämlich die in den vorangehenden Abschnitten geforderten Reformen und Massnahmen auf dem Gebiete der Verwaltung, der Rechtspflege, des Verkehrs und des Gesellschaftslebens nicht nur durchgeführt, sondern sie auch ihre Doppelwirkung in Herabminderung der Ausnahmen und Steigerung der Erträgnisse äussern zu sehen. Nur für die dreijährige Uebergangsperiode ist durch ausserordentliche Mittel — aus deren Reihe ich jedoch neues Schuldenmachen ausschliesse — für Bedeckung des Defizits zu sorgen.

Unter diesem doppelten Gesichtspunkt haben wir die Pflichtausgaben zu prüfen, welche wir (Abschnitt VI) auf 122·5 Millionen Gulden ermittelten. Näher betrachtet, lassen sie sich in drei Gruppen vertheilen: a) Ausgaben, die sich weder heute noch von 1877 an herabmindern lassen, **also im** Gegenwarts- und im Staatsvoranschlage der nächsten Zukunft ihre bisherige Höhe bewahren; b) Ausgaben, wo schon jetzt eine Herabminderung anzustreben und erreichbar wäre; c) Ausgaben, die erst im Zukunfts- oder Normalbudget mit geringeren Ansätzen **als** die gegenwärtigen eingestellt werden **können.**

In die erste Gruppe gehört vor Allem die mit 4,724.691 fl. bezifferte Zivilliste. Sie ist durch G.-A. III: 1873 auf acht Jahre festgestellt. Eine Herabminderung seitens des Spenders ist nicht denkbar; sie könnte nur der grossmüthigen Initiative des Empfängers entstammen. Das ist kein Berechnungs-Element . . . . Ein Aehnliches gilt von dem vertragsmässigen Beitrag (4,842.000 fl.) zu den Kosten der autonomen Verwaltung Kroatiens und der gewesenen Militärgrenze; letztere namentlich, wo noch so Vieles zu schaffen

ist, dürfte unser Budget eher in s t e i g e n d e m Masse in Anspruch nehmen, umsomehr, als durch das Zerschlagen des
Grenzwäldergeschäftes vorläufig der Hauptfond entfällt, aus
welchem die **Zivilisirungsarbeiten** der Grenze bestritten werden **sollten** ... Hieher gehört **auch** die G r u n d e n t l a s t u n g s-
s c h u l d (18,481.374 fl.), deren durch Tilgung zu Stande
kommender Herabminderung **übrigens die** entsprechende
Herabminderung **des** speziellen Steueraufschlages zu folgen
hätte. ... Macht zusammen 28,048.065 fl., — an 23 Procent
des Gesammtbetrages der Pflichtausgaben, — welche im
Gegenwarts- wie im Zukunftsbudget verbleiben.

In die zweite Gruppe, **wo** nämlich schon jetzt oder doch
für 1875 eine Herabminderung erreichbar wäre, lässt **sich**
eigentlich nur die Nr. 2 unserer Liste: Beitrag zu den gemeinsamen Ausgaben (29,217,503 fl.) einreihen. Der Beitrag ist **gewiss** sehr drückend, namentlich im Vereine mit
dem noch höheren Ansatz für die gemeinsame Staatsschuld;
ich habe dies seit Jahren oft genug im Reichstage und in der
Presse **betont.** Sollte die Zukunft Gelegenheit bieten, diese
Verhältnisse auf gesetzlichem und friedlichem Wege gründlich **abzuändern:** ich werde nicht der Letzte sein, nach meinen
schwachen Kräften mitzuwirken. Heute jedoch, angesichts
der arg verfahrenen Finanzlage, ist b a l d i g s t e Hilfe nöthig.
Um diese zu beschaffen, ist zu berücksichtigen, nicht nur was
möglich ist; das Beantragte muss auch durchführbar, das
heisst **derart** beschaffen **sein,** dass es auch unter den g e g e-
b e n e n Verhältnissen die entscheidenden Faktoren für sich
haben könne, auch seitens der h e u t i g e n Regierung und
der h e u t i g e n Majorität annehmbar sei. Dieses Ziel und die
hiedurch gebotene Selbstbeschränkung habe ich, um „praktisch" zu bleiben, im ganzen Verlaufe dieser Studie unver-
rückt im Auge behalten. Ich will dieser Richtung auch betreffs der „gemeinsamen" Ausgaben treu bleiben und darum —
die Erörterung sowohl des 1867er Ausgleiches, als auch des
viel diskutirten Kapitels über die stehenden Armeen und ihre

Organisation ganz beiseite lassend — den Reduktions-Antrag
in möglichst bescheidene Grenzen bannen. Dieses Minimum,
welches in Anbetracht unseres Finanzjammers, glaube ich,
unbedingt gefordert werden kann und muss, besteht darin:
**dass die ungarische Delegation ihren systema-
tischen Widerstand gegen die Reduktions-Be-
strebungen der cisleithanischen Delegation
aufgebe, selbe vielmehr in dieser Richtung
kräftigst fördere und unterstütze.** Geschieht dies,
so wird das gemeinsame Ministerium seine ewigen Festungs-
bauten, seine steten Neuerungen und Experimentirungen in
der Bewaffnung, Bekleidung u. s. w. nothgedrungen aufgeben. Wird aber das gemeinsame Kriegsministerium hiezu
vermocht, so dürfte es nicht schwer fallen, unseren Beitrag
zu den gemeinsamen Kosten — namentlich wenn auch die
auswärtige Vertretung sparsamer organisirt wird, was leicht
durchführbar — um etwa **acht Millionen Gulden zu
vermindern.**

Diese Reduktion zu fordern und zu erwarten, berechtigt
uns ganz einfach der Betrag, welchen die wirklich effektuir-
ten ordentlichen Ausgaben des gemeinsamen Kriegsmini-
steriums in den Jahren 1868, 1869 und 1871 erreichten: zusammen 62,150.000 fl., was einen Jahresdurchschnitt von
20,716.000 fl. ergibt. Selbst mit Einbeziehung des schwerer
belasteten Kriegsjahres 1870 (28,355.000 fl.) stellt sich der
vierjährige Durchschnitt nur auf 22,622.000 fl. Es folgt
hieraus offenbar, dass auch, wenn dieser vierjährige Durchschnitt als Norm festgestellt wird, sich vom heutigen Ansatz
6·6 Millionen Gulden streichen lässt; die Reduktion kann
8·5 Millionen erreichen, wenn der Durchschnitt der drei
Jahre 1868, 1869 und 1871 als Norm genommen wird. Und
warum sollte er's nicht, angesichts unserer unbestreitbaren
Finanzmisère einerseits, welche Ersparnisse gebieterisch
heischt, der Garantien andererseits, welche die europäischen
Verhältnisse und namentlich die auswärtigen Beziehungen

unseres Hofes und unserer Regierung gegen eine nahe Kriegs-
gefahr bieten? Was sollen die steten Fürstenbegegnungen
und die ewigen feierlichen Betheuerungen des „gesicherten"
Friedens bedeuten, wenn sie nicht die Lasten des gewapp-
neten Friedens wenigstens d o r t, wo die Bevölkerung sichtlich unter derLast zusammenbricht, herabzumindern gestatten?

Wie schon bemerkt: **es** geschieht mit **Absicht, wenn ich**
im Verlaufe dieser Studie den Parteistandpunkt und auch die
subjektive Ansicht möglichst in den Hintergrund dränge. Angesichts der betrübenden und sofortige Aufbesserung erhei-
schenden Lage des Staates kann es sich nicht in erster Reihe
darum handeln: **was eine** gewisse Partei für das Beste und
Zweckmässigste erachtet, auch nicht darum, was der Einzelne
wünscht und anstrebt; es gilt das D u r c h f ü h r b a r e zu ermitteln, die Aushilfe, welche auch d a n n sich realisiren lässt,
wenn vorläufig unsere politischen und Parteiverhältnisse
keine oder nur eine unwesentliche Umgestaltung erleiden...
Vom Parteistandpunkte **aus** hätte ich eine starke Herab-
setzung der gemeinsamen Armee zu Gunsten der Honved-
Armee zu fordern; wollte ich überdies meine subjektive Ansicht zur Geltung bringen, so hätte ich überhaupt gegen die
stehende Armee — nach meiner Ueberzeugung einer der fol-
genschwersten Missstände der Gegenwart — zu Gunsten der
Volksmiliz zu reklamiren. Aber, wie gesagt, um all' das kann
es sich jetzt nicht handeln. Es gilt, das „Mögliche" zu fordern.
Wer kann es aber chimärisch oder übertrieben schelten, wenn
ich Angesichts unseres unverkennbaren Finanzjammers ganz
einfach verlange, dass wir das Budget des gemeinsamen
Kriegswesens wieder auf den Stand der Jahre 1868—71 zu-
rückführen? Sollte dies — **was** wahrscheinlich — einen
schwächeren Präsenzstand nach sich ziehen müssen, so wird
Ungarn d o p p e l t zu gratuliren sein; für unsere v o l k s-
w i r t h s c h a f t l i c h e Entwicklung ist es ein Glück, wenn
die Armee in geringerem Umfange die arbeitsfähigen Elemente der Bevölkerung absorbirt.

XXVII.

In eine dritte Gruppe verwiesen wir jene Pflichtausgaben, welche vorläufig allerdings nicht reduzirbar sind, aber in das Zukunfts- oder Normal-Budget, oder vom Jahre 1877 angefangen, mit einem minderen Betrage eingestellt werden könnten. Es verblieben uns für diese Gruppe folgende Posten: Pensionen (2,901.350 fl.), **Kosten der ungarischen Staatsanlehen** (16,678.292 fl.) und der **schwebenden ungarischen wie** gemeinsamen Schuld (244.600 fl.), der Beitrag zu den Kosten der gemeinsamen Staatsschuld (31,286.009 fl.), endlich die Zinsengarantie für Eisenbahnen (14,000.000 fl.). Macht zusammen über fünfundsechzig Millionen (65,110.251 fl.), oder ansehnlich mehr als die Hälfte vom Gesammtbetrage der Pflichtausgaben.

Suchen wir vorerst mit den minder bedeutenden Posten in's Reine zu kommen. Zur s c h w e b e n d e n S c h u l d, das **heisst** zur zeitweiligen Ausgabe von Bons, Schatzscheinen, muss selbst in den bestgeordneten Staatshaushaltungen zuweilen gegriffen werden; ein völliges Verschwinden des bezüglichen Postens aus unserem Staatshaushalt ist demnach nicht so bald anzuhoffen. Aber ist einmal unser Staatshaushalt in's Gleichgewicht gebracht und die Valuta geregelt, so wird das ungarische wie das gemeinsame Ministerium das Auskunftsmittel der schwebenden Schuld weniger häufig und in geringerem Umfange anzuwenden haben; eine Herabminderung der betreffenden Jahresausgabe um die Hälfte oder um beiläufig hundertundzwanzigtausend Gulden dürfte sonach leicht durchführbar sein. Bezüglich der P e n s i o n e n will ich die vor Jahren im Reichstage angeregte Frage der völligen Auflassung des überlebten Pensionswesens hier unerörtert lassen. Dessen Aufrechthaltung vorausgesetzt, ist es jedoch klar, dass in Folge einer in den vorangehenden Abschnitten als unerlässlich nachgewiesenen erheblichen Herabminderung des Beamten- und Dienstpersonals — welche

freilich während der Durchführungs- und Uebergangsperiode
eine gewisse Abfindungs-Summe beanspruchen wird — die
Pensionsansprüche bedeutend fallen müssen, indem dann
auf der Pensionsliste die Absterbenden nicht durch einen
entsprechenden Nachwuchs ersetzt werden. Die hiedurch erzielte Herabminderung der Pensions-Auslagen lässt sich von
1877 ab auf zwanzig Procent des heutigen Betrages, oder
auf 580.270 fl. veranschlagen. Macht für die beiden Posten
rund ein Ersparniss von siebenhunderttausend Gulden.

Viel bedeutsamer ist und unbeugsam scheinen die Ausgabsposten für die ungarische und für die gemeinsame
Staatsschuld. Eine sofortige Herabminderung ist hier
freilich undurchführbar; im Zukunftsbudget stellt sie theils
von selbst sich ein und ist für einen weiteren Theil ohne
übergrosse Mühe erreichbar. Was die von selbst eintretende
Herabminderung betrifft, so genügt es daran zu erinnern,
dass Zinsen und Amortisation vorwiegend in Silber ge-
leistet werden müssen, somit durch die Koursdifferenz zwischen Banknoten und Silber nicht unwesentlich gesteigert
werden. Wir glauben im Verlaufe dieser Studie hinreichend
nachgewiesen zu haben, dass die Gesundung unseres Staatshaushaltes nicht erreichbar ist ohne die gründliche Aufbesserung unserer volkswirthschaftlichen Verhältnisse, welche
ihrerseits die Regelung der Valuta, die Herstellung eines
normalen Geld- und Kreditwesens zur Vorbedingung hat. Ist
dies in den nächsten drei Jahren durchgeführt, — wie es
durchgeführt sein muss, wenn wir die Behebung unserer
Finanzmisère aufrichtig wollen, — so entfällt natürlich die
durch das Agio veranlasste Ausgabenerhöhung, Das Agio
wird heuer im Staatsvoranschlage nur mit 8 Prozent berechnet, gegen 10 Prozent im Jahre 1873 und 20 Prozent in den
Vorjahren. Dieses nur achtprozentige Agio oder die Kosten
für Beschaffung der Silbermünze ist im Budgetgesetze eingestellt: bei den gemeinsamen Staatsschulden mit 954.080 fl.,
beim ungarischen Eisenbahn-Anlehen mit 372.019 fl., den

Gömörer Obligationen mit 30.738 fl., beim 30-Millionen-Anlehen mit 151.936 fl., beim 54-Millionen-Anlehen mit 216.000 fl., endlich stellt sich dasselbe bei der 76$^1/_2$-Millionen Anleihe, wenn wir gleichfalls acht Prozent berechnen, auf 367.200 fl. Macht zusammen eine Ersparniss von (954.080 + 1,136.893 =) 2,090.973 Gulden, die sich gewissermassen im Zukunfts- oder Normal-Budget von selbst herausstellt.

Voraussichtlich fragt man: ob denn die von der Valuta-herstellung bei den Lasten der ungarischen Staatsschulden zu erwartende Ersparniss von 1,136.893 fl. nicht mehr als aufgewogen werden dürfte durch die Lasten neuer Anlehen, welche bis 1877 aufgenommen werden? ob's namentlich zu umgehen sein wird, dass noch im Herbste 1874 die zweite Hälfte (76$^1/_2$ Millionen Gulden) der jüngst votirten Anleihe in Anspruch genommen und hiedurch allein schon die Zinsenlast der ungarischen Staatsschuld um weitere fünf Millionen jährlich erhöht wird? Das ist freilich nicht zu umgehen, falls in der bisherigen Weise fortgewirthschaftet wird, oder man sich mit der homöopathischen Kur einer Herabminderung von drei bis vier Millionen Gulden an den Beamtengehältern begnügt; jene Nothwendigkeit jedoch muss und kann vermieden werden, wenn man radikale Heilung anstrebt, speziell wenn für 1877 und fernerhin das Gleichgewicht im Staatshaushalte durch nachdrückliche Hebung der Steuerfähigkeit gesichert, für die Bedürfnisse der Uebergangsperiode aber durch ausserordentliche Operationen gesorgt wird. Mit Ausnahme der Anleihe, welche behufs Regelung der Valuta benöthigt wird, deren Kosten jedoch nicht durch das Budget zu tragen wären, darf, ehe unser Finanzwesen vollständig in Ordnung gebracht ist, von einer neuen Inanspruchnahme des Kredits nicht die Rede sein; sonst ist dem Staatskredit der Gnadenstoss versetzt und die wirkliche Aufbesserung der Finanzlage nahezu unmöglich gemacht. Die Ausgabe von 16,678.292 fl., mit welcher die ungarischen Staatsanlehen heute unser Bud-

get belasten und die durch Wegfall des Agiozuschlages sich
auf rund 15,540.000 fl. herabmindert, darf sonach während
der Uebergangsperiode keinesfalls durch neues Schuldenmachen erhöht und nur mit diesem Betrag in den Staatsvoranschlag für 1877 und weiterhin übernommen werden.

XXVIII.

Ich sage absichtlich: „während der Uebergangsperiode".
Ich mag weder mir noch Andern den blauen Dunst vorma-
chen, dass, wenn wir durch dreijährige Anstrengung unsern
Finanzjammer gründlich geheilt und das Gleichgewicht im
Staatshaushalte hergestellt haben, wir — um den französischen Ausdruck zu gebrauchen — das Hauptbuch schliessen,
das heisst für immer auf die Inanspruchnahme des Kredits
verzichten können. Ungarn hat auf manchen Gebieten des
öffentlichen Lebens, besonders im Unterrichts-, Sanitäts-,
Verkehrs- und Gefängnisswesen noch Vieles nachzuholen,
was unbestreitbar zu den Staatsaufgaben gehört; die bezüglichen Werke und Einrichtungen lassen sich auch im bestgeordneten Staatshaushalt nicht immer aus den laufenden
Einnahmen bestreiten. Derartige Ausgaben sind übrigens
eher eine fruchtbringende Anlage als eine Belastung für's
Land, vorausgesetzt, — was unerlässliche Bedingung ist, —
dass auch hiefür der Kredit nur dann und in dem Masse
in Anspruch genommen wird, als die naturgemäss steigenden
Einnahmen die sichere Bedeckung für die neue Zinsen- und
Amortisationsausgabe bieten. Darum muss vorgängig für
die Beseitigung der unnützen Ausgaben einerseits, für die
Entwicklung der Leistungsfähigkeit andererseits gesorgt
sein, und darum darf eine etwaige neue Inanspruchnahme
des Kredits nur nach vollständiger Durchführung der Finanz-
reform erfolgen. Ueberdies dürfen wir künftighin, wenn überhaupt, **nur** zu anständigen, erträglichen Bedingungen borgen; diese aber wird man uns nur dann gewähren, wenn wir

durch die radikale Reform unseres Staatshaushalts-Unwesens
das Vertrauen Europa's, namentlich des Geldmarktes, rück-
erobert haben **werden.**

Zur Konsolidirung unseres Kredits ist aber noch ein
Zweites nöthig, wodurch gleichzeitig eine weitere, viel bedeu-
tendere Herabminderung der Zinsenlast **für die** ungarischen
Anlehen erreichbar wird; das ist: **die Umgestaltung unseres Staatsschuldenwesens.** Ein barockeres **dürfte**
sich in **Europa** kaum finden. Wir haben bisher im Ganzen
— von den inzwischen erfolgten, nicht sehr erheblichen Til-
gungen abgesehen — Schuldscheine ausgestellt und bege-
ben im Nominalbetrage von 85,125.600 (Eisenbahn-Anleihe)
+ 30,000.000 (**Prämien-Anleihe**) + 6,624.300 (Gömörer
Obligationen) + 30,000.000 + 54,000.000 + 76,500.000
= 282,249.900 Gulden. Diese 282$^1/_4$ Millionen bilden aber
nicht Eine Staatsschuld; als hätte **man** geflissentlich die Zu-
sammengehörigkeit stören und **die** Uebersichtlichkeit unmöglich machen wollen, derart kreuzen einander die **Ver-**
schiedenheiten. Die letzte Anleihe z. B. ist eine 6prozentige,
die Prämien-Anleihe trägt gar **keine** Zinsen, die andern vier
Anleihen tragen fünf Procent; **die Schuldscheine der** Eisenbahn-Anleihe **lauten auf** 120 fl., **jene** der Prämien-Anleihe
auf 100 fl., die Gömörer Obligationen auf 150 fl., die der letzten
drei **Anlehen auf Pfund** Sterling; die Eisenbahn- und die
Prämien-Anleihe sind rückzahlbar in 50 Jahren, die Gömörer Obligationen **in 40$^1/_2$ Jahren,** die 1871er in 32, die 1872er
in 30 Jahren von 1875 angefangen, endlich **die** 1873er in
fünf Jahren! Eine buntscheckigere Musterkarte liesse sich
schwer ersinnen.

Es bekundet **auch** dies den **schreckenlosen** Leichtsinn
oder die unverzeihliche Naivetät, mit welcher unsere Staats-
finanz-Operationen geleitet werden. **Wer** halbwegs den Geld-
markt kennt, wird einsehen, dass diese vielseitige Bunt-
scheckigkeit allein hinreichen würde, um den ungarischen
Staatsschuldschein zum schwerfälligsten und ungesuchtesten

Papier zu machen. Jedesfalls hat sie ihr gut Theil zu der steigenden Verschlimmerung unseres Kredits und zur Vertheuerung unserer Anlehen beigetragen. Dem kann und muss abgeholfen werden durch die Umgestaltung und Unifizirung unserer Staatsschulden. Haben wir einmal Europa durch Thaten die Ueberzeugung beigebracht, dass wir anständig und vernünftig zu wirthschaften wissen, dass wir in staatsfinanzieller Beziehung lebensfähig sind, dann wird unser Kredit sich dem Kredit anderer verfassungsmässiger, lebensfähiger und zukunftsreicher Staaten mehr weniger gleichstellen; man wird unter normalen Verhältnissen auch dem ungarischen Staat zu 4 bis 5 Procent effektiv borgen. Dieser Moment muss ungesäumt zur Konversion, oder zur Umwandlung unserer vielgestaltigen Schulden in eine einheitliche Schuld, die nur Eine Art von Scheinen, Einen Zinsfuss und Eine Amortisationsdauer kennt, benützt werden Die Konversion hat selbstverständlich dem Gläubiger gegenüber eine freiwillige zu sein; es muss ihm nämlich freigestellt sein, das Kapital zurückzufordern oder es dem Staate unter den neuen Bedingungen weiter zu belassen. Betreffs der Ausführungsweise bietet die moderne Finanzgeschichte eine reiche Auswahl von Vorbildern. Wird die Operation im rechten Augenblicke von dem rechten Manne in Angriff genommen, so dürfen die 225 Millionen, welche auf die sechs Anlehen wirklich in den ungarischen Staatsschatz eingeflossen, uns an Zinsen und Amortisation fernerhin nicht über 5 bis $5^{1}/_{2}$ Procent jährlich kosten, somit zwischen 11,200.000 und 12,375.000 Gulden. Setzen wir rund zwölf Millionen, so ergibt dies für das Normalbudget eine weitere Ersparniss von vierthalb Millionen Gulden an den Jahreskosten der ungarischen Staatsschuld.

Die Operation ist, wie gesagt, nur dann durchführbar, ist es dann aber ohne grosse Schwierigkeit, wenn die Reform unseres Finanzwesens zur Wirklichkeit geworden und Europa sich von unserer aufrichtigen Umkehr zum vernünftigen

Staatshaushalten überzeugt hat. Vor 1877, frühestens **1876,**
ist demnach an die Operation nicht heranzutreten; eine Erörterung der Ausführungs-Einzelheiten wäre somit vorzeitig.
Ich will nur zur Beruhigung der Skeptiker, welche die Operation undurchführbar finden und den Antrag als chimärisch
verschreien dürften, an die englischen Präzedentien erinnern.
Unter dem Drucke der Kriege des ersten französischen Kaiserreiches hatte Grossbritannien nicht nur mit Hilfe des Zwangs-
kurses die Banknotenpressen ausserordentlich in Anspruch
genommen, sondern **auch seine** Staatsschuld um den **riesigen**
Betrag von 601,000.000 Pfund Sterling (über s e c h s M i l l i-
a r d e n Gulden österr. Währ.) vermehrt; wenige Jahre nach-
Wiederherstellung des Weltfriedens und sobald die Valuta
wieder geregelt war, wurde zur Konversion geschritten:
die 5prozentige Staatsschuld wurde 1822 in eine 4pro-
zentige, 1830 in eine **3½prozentige,** endlich 1844 in eine
3prozentige umgewandelt und hiemit die Zinsenlast um 10
Millionen Pfund Sterling (= 100 Millionen Gulden!) jährlich
vermindert. Nur Ein Beispiel noch aus Frankreichs Finanzgeschichte. Die vom Finanzminister Achille Fould im Jahre
1852 unternommene Konversion der 5prozentigen Renten-
scheine in 4½prozentige, hat die jährliche Zinsenlast dieses
Theiles der französischen Staatsschuld um 17,566.401 Franks
vermindert, sonach in den seitdem verflossenen zweiund-
zwanzig Jahren dem französischen Staatsschatz eine Ersparniss von 386,460.822 Franks eingebracht!

Den Einwand — **man** hat ihn mir schon betreffs anderer Punkte dieser Studie entgegengestellt — sehe ich voraus: „Ungarn ist nicht England, **nicht Frankreich."** — Gewiss nicht, und hat wenig Aussicht es zu werden, so lange
gewisse Blätter **es** beinahe als Hochverrath brandmarken,
wenn man Vorgänge aus fortgeschritteneren Ländern un-
serem Lande zur Nacheiferung vorzuführen wagt. Ich mag
die sonderbare Anschauung hier **keiner** allgemeinen Beurtheilung unterziehen Auf unseren speziellen Fall mich be-

schränkend, antworte ich : Aber Ungarn's Staatsschuld zählt auch noch nicht nach Milliarden, wie die Staatsschulden England's und Frankreich's; aber Ungarn zahlt heute trotzdem nicht 4—5 Prozent wie letztere Staaten, sondern 7—10 Prozent; aber wir verlangen auch für Ungarn kein Herabgehen auf 3—4 Prozent, sondern bleiben gerne bei 5—6 Prozent stehen, was bereits die Zinsenlast unserer Nationalschuld um den vierten, wenigstens den fünften Theil herabmindern würde.

Ob eine ähnliche Operation nicht auch bezüglich unseres vorerst auszuscheidenden Antheiles an der gemeinsamen Staatsschuld durchzuführen wäre? .... Die Operation ist komplizirter und gehört jedesfalls einer etwas ferneren Zukunft an, die wir hier nicht in Betracht ziehen wollen. Wir haben mit unserer Zeit genügend zu thun!

XXIX.

Von den Pflichtausgaben unseres Budgets bleibt nur noch die Zinsengarantie für Eisenbahnen (14,000.000 fl.) zu berücksichtigen. Gewiss eines der heikelsten und unliebsamsten Kapitel unserer modernen Staatsannalen. Kaum haben auf einem anderen Gebiete des öffentlichen Lebens die Ueberschätzung der eigenen Kräfte und die Missachtung der realen Verhältnisse, die Planlosigkeit im Entwerfen, erschwert durch grenzenlosen Leichtsinn im Ausführen, sich in solchem Masse geltend gemacht. Die Folgen sind denn auch äusserst fühlbar; unserer überaus kostspieligen Eisenbahnpolitik gebührt der nicht beneidenswerthe Löwenantheil an der Herbeiführung des heutigen Finanzjammers im Staatshaushalte. Allerdings haben wir es der in dieser Richtung entfalteten fieberhaften Thätigkeit zu verdanken, wenn in den sechs Jahren von 1868—1873 die Betriebslänge unserer Eisenbahnen sich beinahe verdreifacht hat: 836·49 Meilen Ende 1873 gegen 295·08 Meilen Ende 1867. Die Zeit ist jedoch vorüber, wo der **Bahnbau als** ein absoluter Gewinn betrachtet wurde und die Bahnlänge für den sichersten Massstab des wirthschaftlichen Fortschrittes und Gedeihens galt. Auch hier **darf nicht** blos gemessen, **es** muss gerechnet und gewogen, anders gesagt: den Verhältnissen Rechnung getragen werden. Es ist immer zu berücksichtigen: Was kosten **an** sich die Bahnen? Was kosten sie mittelbar **durch** anderweitige Schädigung? Was sind sie werth, das **heisst** nutzbringend?

Auf erstere Frage **antwortet** nur zu **eindringlich die** Finanzlage des Tages. **Auch die** zweite lässt sich **nicht** befriedigend .beantworten; der Uebereifer für den Schienenstrang liess und lässt uns die Landstrassen vernachlässigen, — die sich heute in schlechterem Zustande befinden als unter dem absolutistischen Regiment; ebenso die Wasserstrassen — welche sich mehr durch ihre verheerenden Austretungen, als durch ihre Transportthätigkeit geltend machen. **Was** die dritte Frage, den staats- und volkswirthschaftlichen Nutzen oder Werth der Eisenbahnen betrifft, so beging **man** den naiven Verstoss: für unbedingte Wahrheit den nur bedingungsweise richtigen Satz zu nehmen, wornach **die** Eisenbahn sich selbst den Verkehr schafft **oder** grosszieht. **Allerdings, aber** nur in Ländern oder Gegenden, wo **die Vorbe**dingungen einer lebhaften Verkehrsentwicklung gegeben sind: Arbeitskraft und Arbeitslust, **Kapital,** Kredit, Intelligenz, eine rationelle Verkehrsgesetzgebung, gesicherte Bezugsquellen und Absatzmärkte. Wo all' das fehlt **und** auch nicht beschafft wird — wie bei uns — da werden **die Schienenstränge** oft genug nur Noth und Noth einander näher bringen und sie potenziren.

Dieses **beredte** Ergebniss **unserer** da nutzlosen, dort verfehlten, anderwärts übertheuerten Bahnbauten gelangt zur drastischen Anschaulichkeit in **den** jüngst **im** Kommunikations-Ministerium versuchten Gegenüberstellungen der Betriebspreise und der Betriebs-Selbstkosten. Die (vorläufig noch handschriftlichen) Zusammenstellungen haben **zur**

Grundlage den Transport des Jahres 1872, und umfassen neben den eigentlichen ungarischen Staatsbahnen (nördlichen und südlichen) acht mit staatlicher Zinsengarantie versehene Linien. Da zeigt sich z. B., dass bei jedem Zentner Waare, den sie befördern, die Arad-Temesvárer, die West- und die Alföldbahn $2^1/_2$ Kreuzer und darüber per Meile zusetzen; die Ostbahn, die Nordostbahn und die Kaschau-Oderberger über 3 Kreuzer; die Staatsbahn schlägt sich auf ihren nördlichen Linien mit einer Einbusse von 0·48 Kreuzer per Zentnermeile durch, während die südliche Linie eine Einbusse von 2 Kreuzern und darüber aufweist.

Bei dem Waarenverkehr mag die Einbusse sich zum Theil aus den zu niedrigen Tarifen erklären; beim Personenverkehr jedoch sind die ungarischen Staatsbahnen so theuer als die österreichischen Bahnen (36, 27 und 18 kr per Meile für Reisende der 1., 2 und 3. Klasse), die Kompagnie-Bahnen wesentlich theuerer (40, 30 und 20 kr.). Trotzdem verlieren letztere per Meile an jedem Reisenden erster Klasse zwischen 38 kr. (Ostbahn) und fl. 5.44 (Nordostbahn), an jedem Reisenden zweiter Klasse zwischen 1 kr. (Erste Siebenbürgische) und 56 kr. (Nordost); erst die dritte Klasse beginnt, wenigstens bei einigen Bahnen, lohnend zu werden. Letzteres gilt keineswegs von den eigentlichen Staatsbahnen, welche diesbezüglich die überraschendsten und trübsten Ergebnisse bieten! An jedem Reisenden erster Klasse verliert der Staat per Meile: auf der nördlichen Linie 60 kr., auf der südlichen gar fl. 4.82! Wer z. B. von Pest nach Rutka (41 Meilen) in erster Klasse fährt, zahlt (41 × 36 =) fl. 15.76 an die ungarisch-nördliche Staatsbahn, die aber ihrerseits aus Eigenem weitere fl. 24.60 zuzuschiessen hat, um die Selbstkosten der Beförderung zu decken; reist Jemand von Zákány nach Agram ($13^1/_2$ Meilen), so zahlt er an die ungarisch-südliche Staatsbahn ($13^1/_2 × 36 =$) fl. 4.86, die aber ihrerseits aus Eigenem weitere fl. 65.07 zuschiessen muss! Die Beförderung dieses Reisenden auf der kurzen Strecke kostet an 70 fl., **wozu er** ¹/₁₄, der Staat die andern ¹³/₁₄ beiträgt! Diese riesigen Opfer, welche selbst die reichstdotirte Unternehmung **rasch** ruiniren müssten, sollen „höheren" Zwecken gebracht sein. Werden diese auch erreicht? Die nördliche Staatsbahn will Ungarn direkt mit dem deutschen Norden in Verbindung setzen; nichts geschieht jedoch, um sie konkurrenzfähig zu machen und ihr den Verkehr zuzuwenden. So hat diese internationale Linie (Pest-Rutka-Oderberg) überhaupt keinen Eilzug, nur Einen Postzug, während zwischen Wien-Oderberg täglich Ein Eilzug und zwei Postzüge verkehren, die Reise in 6 Stunden 50 Minuten zurückgelegt werden kann, welche auf der nur 3¹/₂ Meilen längeren Strecke Pest-Oderberg 14 Stunden 15 Minuten beansprucht! Die Bevölkerung der gesammten Gegend von Pest aufwärts gegen Pressburg, ebenso des Südwestens gewinnt bedeutend an Zeit und Bequemlichkeit, wenn sie über Gänserndorf, bezüglich Wien, anstatt über Pest nach Oderberg (Breslau, Berlin u. s. w.) reist; auch der ungarische Südosten und mit ihm die ganze untere Donaugegend findet es vortheilhafter, Dank der mangelhaften Organisation des spezifisch-ungarischen Netzes, für Reise und Transport die Route Temesvár-Czegléd-Pest-Gänserndorf-Oderberg als die bedeutend kürzere Linie Temesvár-Arad-Szolnok-Hatvan-Oderberg zu benützen, zum grossen Nachtheil der ungarischen Staats- und Garantiebahnen . . . Die südlichen ungarischen Linien sollten uns, namentlich im Gegensatz zur österreichischen Südbahn, den direkten Verkehr mit dem Meere überliefern und Fiume's Zukunft sichern; wir haben dafür Millionen und Millionen auf die Karlstadt-Fiumaner Linie geopfert und der Fiumaner Hafen wird der Millionen noch manche verschlingen. Wer wird aber behaupten, dass das Ziel erreicht sei, so lange die Südbahn von Zákány nach Barcs, von Agram nach Sissek, von Agram nach Karlstadt ihre Linienfragmente zwischen die ungarischen Südbahnen einkeilt und diesen dadurch jede Selbstständigkeit und die Aktionsfreiheit benimmt?

XXX.

Ich kann nach dem Vorstehenden mich keineswegs der optimistischen Auffassung anschliessen, nach welcher in den vierzehn Millionen Gulden des diesjährigen Budgetgesetzes die Zinsengarantiebelastung ihren Höhepunkt erreicht hätte und fortan sinken müsse. Es wird hiefür geltend gemacht, dass nahezu sämmtliche garantirte Linien bereits dem Betriebe übergeben sind. Allerdings, aber hiemit sind da nach Bau und Betrieb kostspieligere, dort nach ihrer Richtung ungünstigere Strecken in die Gesammtberechnung eingezogen, was diese durchaus nicht freundlicher gestaltet. Die Ostbahn z. B. **hatte** 1872 bei einer Betriebslänge von 53·25 Meilen einen Garantiezuschuss von 1,666.619 fl. beansprucht; im Laufe des Jahres 1873 sind weitere 26·50 Meilen dem Betriebe übergeben, und für die nun fast vollständige Linie ist der zweifache **Betrag** (2,903.847 fl.) als Zinsengarantie gefordert worden! **Das** Gesammtnetz der ungarischen Betriebsstrecken hat sich im Jahre 1873 um 130 Meilen oder über achtzehn Perzent verlängert, **und es hat** demungeachtet (und trotz der wahrhaften „Völkerwanderung", welche die Weltausstellung gerade in Ungarn hervorgerufen hat) der Personenverkehr **sich** nur um 10 Perzent gehoben, der Frachtenverkehr sogar um 10,000.000 Zentner vermindert! Es thuen's eben nicht die Schienenstränge allein, wenn die Vorbedingungen einer lebhaften Verkehrsentwicklung fehlen und das Erforderliche zur Herbeiführung einer solchen unterbleibt!

Eine baldige Herabminderung des bezüglichen Budgetpostens halte ich daher für nahezu unmöglich. Für das Zukunfts- oder Normalbudget aber lässt eine Herabminderung sich anstreben. In erster Reihe entfallen, ist einmal die Valuta geregelt, etwa 1,100.000 Gulden, um welche die eigentliche Leistung des Staates heute durch die Kosten der Silberbeschaffung erhöht wird. Ferner werden die Einnahmen der Bahnen sich heben, folglich der erforderliche Staatszuschuss

sich entsprechend herabmindern, wenn durch die im Laufe
dieser Studie erörterten Massnahmen für eine gesunde volkswirthschaftliche Fortentwicklung und damit natürlich für
die Hebung des Transportverkehrs gesorgt wird. Aber neben
diesen mittelbaren Einwirkungen erfordert die Abschwächung
jener Last solche Massnahmen, die unmittelbar das Eisen-
bahnwesen treffen.

Die begangenen Fehler und Sünden lassen sich nicht
mehr alle gutmachen, namentlich nicht jener Missstand, dass
wir ungemein theuer gebaut haben. Wir haben Linien, deren
Bau über 1,200.000 fl. per Meile gekostet (Kaschau-Oderberg);
die Erste Siebenbürgische Bahn kostete über 900.000 fl.; die
Rechnungen der Ostbahn und der Karlstadt-Fiumaner Bahn
sind noch nicht geschlossen; sie werden den grossen Durchschnitt der ungarischen Staats- und garantirten Bahnen wohl
auf 950.000 fl. Baukosten per Meile bringen. Was, neben
dem Mangel an Erfahrung und an fachmännischen Kräften,
die ausserordentliche Vertheuerung unserer Bahnbauten veranlasst hat, mag hier unerörtert bleiben; die Ostbahnfrage
z. B., welche letzterer Zeit im Reichstage und in der Presse so
viel Staub aufgewirbelt, hat auf jenen heiklen Punkt manches
unliebsame Schlaglicht geworfen. Wir wollen unsererseits bis
zu Ende die Objektivität bewahren, deren wir uns bisher be-
fleissigt, und deshalb auch in der Eisenbahnfrage uns auf die
Ermittlung der Thatsachen beschränken, ohne ihre Ge-
nesis zu schreiben. Die Thatsache hier ist, dass die subven-
tionirten Bahnen im Durchschnitt 950.000 fl. per Meile Baukosten haben werden. Das erfordert zur 5prozentigen Verzinsung des Baukapitals ein reines Betriebsergebniss von
47.500 fl. jährlich per Meile, — was auch die bestsituirte
ungarische Bahn, die Theissbahn, kaum erreicht . . .

So muss denn wenigstens, wenn wir nicht unter der Last
erliegen wollen, aus aller Kraft dahin gewirkt werden, dass
die Betriebsorganisation verkehrsfördernd, aber auch nicht
zu kostspielig sei, und derart die Roh- wie die Reineinnahme

der Bahnen möglichst gesteigert werde. Das Eine wie das Andere ist aber geradezu unerreichbar bei der heutigen Gestaltung unseres Bahnnetzes. Ende 1873 waren im Betrieb 836·49 Meilen, davon entfielen 115·88 Meilen auf die Oesterr. Staatseisenbahn und 106·14 Meilen auf die Südbahn; verbleiben sómit als eigentlich ungarische (Staats- und Kompagnie-Bahnen) 614·47 **Meilen, und** diese vertheilen sich auf nicht weniger als s e c h z e h n Bahnen! Wir könnten auch s i e b z e h n sagen, da die südlichen und die nördlichen Linien der ungarischen Staatsbahnen je einen gesonderten Komplex bilden. Wie können Linien von durchschnittlich so beschränktem Umfange die Kosten eines Generalstabes und einer gesonderten Verwaltung vertragen, namentlich bei uns, wo Derartiges immer auf's Kostspieligste eingerichtet wird? Wie kann andererseits bei einer solchen Zersplitterung des Betriebes von leichtem und raschem Verkehr die Rede sein?

Diesem Missstand muss **im** Interesse des Verkehrs wie des Staatsschatzes rasch und gründlich abgeholfen werden. In Frankreich wurde im Jahre 1852 aus gleichem Grunde ein Halbhundert Bahnunternehmungen in sechs grosse Kompagnien verschmolzen; Aehnliches wird in England durch Ganz- und Halbfusionen angestrebt. Das hat auch bei uns zu geschehen; nur scheint mir unter unseren Verhältnissen die möglichste Anlehnung an das b e l g i s c h e System geboten, w o d e r S t a a t b e h u f s E r g ä n z u n g d e s e i g e n e n B e t r i e b e s s i c h z u m B e t r i e b s p ä c h t e r v o n K o m p a g n i e - B a h n e n m a c h t. Bis unter ganz anderen staats- und volkswirthschaftlichen Verhältnissen die g r ü n d l i c h e Umgestaltung unseres Eisenbahnwesens durchgeführt werden kann (auf die näher einzugehen vorzeitig wäre), muss wenigstens grössere Einheit im Betrieb durch die K o m m a s s a t i o n angestrebt und die 16 bis 17 Bahnlinien in vier, höchstens fünf Komplexe zusammengelegt werden; ein weiterer bedeutsamer Schritt nach vorwärts wär's, wenn der Staat selbst

die eine oder die andere, oder auch die eine oder andere
dieser Gruppen vorläufig in Pacht nähme. Sind wir einmal verpflichtet, auf dem Wege der Zinsengarantie die Lasten
dieser Bahnen zu tragen, so ist es in jeder Beziehung viel
vortheilhafter für die Bevölkerung wie für den Staat, wenn
letzterer den Betrieb unmittelbar leitet.

Sind in dieser Weise die ungarischen Linien konkur-
renzfähiger gemacht der Oesterreichischen Staatsbahn und
der Südbahn gegenüber, sind Verwaltung und Betrieb rascher,
rationeller und weniger kostspielig geworden, und wird
gleichzeitig durch die allgemeine volkswirthschaftliche Entwicklung für die Hebung der inländischen Transportthätigkeit, durch die endliche Bewerkstelligung der vielverhan-
delten Anschlüsse in den untern Donaugegenden für die
Steigerung des internationalen Transportes gesorgt: dann ist
auch unserer staatsfinanziellen Eisenbahn-Misère abgeholfen.
Ich halte wenigstens meinerseits die Annahme durchaus nicht
für optimistisch, dass unter diesen Voraussetzungen nach
drei weiteren Jahren, also von 1877 an, die ungarischen
Bahnen in ihrer Gesammtheit jenes durchschnittliche Reinerträgniss liefern, welches die ungarischen Staatsbahnen
(nördliche und südliche zusammengehalten, welch' letztere
mit starkem Defizit arbeiten) schon vor drei Jahren erreicht hatten: dasselbe stellte sich für 1871 auf 30.074 fl.
Mit diesem Erträgniss aber decken die Unternehmungen zwei
Drittheile der Verzinsung ihres Kapitals; die Staatsgarantie
hat für das letzte Drittel aufzukommen, was bei einem garantirten Kapital von beiläufig 350 Millionen (der Bahnen, welche
die Garantie in Anspruch nehmen und die in Aussicht stehenden Nachforderungen inbegriffen) nur eine Belastung von
5,833.000 fl. ergibt. Setzen wir selbst, dass auch nach
Durchführung der beregten Massnahmen der Betrieb vorerst
nur die Hälfte des Zinsenbedarfes aufbringt, so stellt sich
der geforderte Staatszuschuss für 1877 und weiterhin immerhin nur auf 8,750.000 fl. Das ergibt, von der Agiofrage ganz

abgesehen, eine Ersparniss von 5¼ Millionen Gulden gegen die heute auf vierzehn Millionen Gulden geschätzte Belastung.

XXXI.

Wir hätten hiemit die Liste der E r s p a r n i s s e erschöpft, welche im ungarischen Staatshaushalte am Normalbudget, das mit dem Jahre 1877 in's Leben zu treten hat, theilweise auch früher schon zu erzielen wären. Sie lassen sich — wir legen hierauf ein Hauptgewicht — ohne Schädigung des öffentlichen Dienstes durchführen, das heisst ohne dass einem wirklichen Landesbedürfniss die gebührende Berücksichtigung und Deckung entzogen wird; im Gegentheil haben die meisten der beantragten Streichungen s o l c h e Operationen und Massnahmen zur Voraussetzung, die, auch abgesehen von dem unmittelbar angestrebten staatsfinanziellen Ergebniss, aus vielfachen anderen Rücksichten dringendst zu empfehlen wären; so die Verwaltungsreform, die Regelung der Valuta und die Selbstständigmachung des ungarischen Geld- und Kreditwesens, die Reorganisation des Staatsschuldenwesens, die gründliche Umgestaltung des Eisenbahnwesens. Mehr noch: all' diese Massnahmen, aufrichtig angefasst und verständig durchgeführt, werden, indem sie auch die v o l k s w i r t h s c h a f t l i c h e Entwicklung des Landes nachdrücklich fördern, mit dem Wohlstande der Bevölkerung auch deren Leistungsfähigkeit, ferner durch die gehobene Verkehrs- und Konsumtions-Thätigkeit auch die Steuererträgnisse steigern, somit gleichzeitig v e r m i n d e r n d auf die Staatsausgaben und v e r m e h r e n d auf die Staatse i n n a h m e n wirken . . . .

Wir haben es bereits an geeigneter Stelle betont, dass wir vorläufig n u r in d i e s e r Weise eine Erhöhung des Staatseinkommens für wünschenswerth und möglich erachten, indem wir, unter den gegebenen volkswirthschaftlichen Verhältnissen und so lange diese nicht eine gründliche Aufbesserung erfahren haben, die Einführung neuer Steuern oder

die Erhöhung der vorhandenen Steuern nicht für zulässig
halten; die Bevölkerung Ungarn's im Grossen und Ganzen ist
im Verhältniss zu ihrer heutigen Leistungsfähigkeit genügend
belastet, wo nicht gar überbürdet, und könnte namentlich
jeder neue Steuerdruck, welcher die schaffende und erwer-
bende Thätigkeit träfe, nur die nachtheiligsten Folgen für
unsere volkswirthschaftliche Entwicklung, mittelbar für unsere staatsfinanzielle Gesundung, nach sich ziehen. Aus dieser
Begründung folgt, glaube ich, von selbst, dass ich durchaus
Nichts einzuwenden habe gegen jene Erhöhung der Steuererträgnisse, welche dadurch erzielt würde: erstens, dass eine
vorhandene Steuer, ohne Erhöhung des Steuerfusses, strenger
durchgeführt und dadurch besser ausgenützt wird; oder dass
zweitens neue Steuern eingeführt würden, welche in keiner
Weise die Erwerbsthätigkeit direkt treffen und die überdies
nur dort fordern, wo unverkennbar Opferfähigkeit und Opferwilligkeit vorhanden sind.

In die **erste** Kategorie gehört die eben unter reichstäg-
licher Verhandlung befindliche Reform der Grundsteuer.
Inwiefern das in Aussicht gestellte Mehreinkommen von
$3\frac{1}{2}$ bis 4 Millionen Gulden dadurch erreicht wird, dass
Grundstücke, welche bisher der Besteuerung entgingen
oder zu niedrig eingeschätzt waren, dem Gemeinrecht, das
heisst dem legalen Steuerfuss unterzogen werden, ist die
Massnahme entschieden zu billigen; sie hätte sich, schon vom
Standpunkte der Gerechtigkeit aus, auch dann empfohlen,
wenn sie nicht durch die Finanznoth so dringend empfohlen
worden wäre. Zu bedauern bleibt nur, dass der zu erhof-
fende finanzielle Gewinn auf Jahre hinaus vernichtet wird
durch die gleichzeitig votirte Katastralaufnahme Ungarn's.
Die Dauer dieser Operation ist auf sechs Jahre berechnet und
die Regierung veranschlagt deren Kosten auf zwölf Millionen
Gulden Die Erfahrungen des Auslandes gestatten keinen
Zweifel darüber, dass betreffs der Dauer wie der Kosten der
Voranschlag weit überschritten wird; sie zeigen aber auch,

dass im Grossen und Ganzen der praktische Nutzen dieser langwierigen und kostspieligen Operation sehr hinter ihrer theoretischen Bedeutung zurückbleibt. . . . Wir sind aber heute offenbar nicht in der Lage, theoretischen Liebhabereien Millionen und Millionen zu opfern. Die Idee der Katastralaufnahme Ungarn's gehörte denn auch jener Zeit an, wo wir uns in jeder Beziehung den weitgehendsten Luxus gestattet glaubten und die leitenden Kreise eine heilige Scheu vor dem Rechnen hatten; die Vorlage ist, unter ganz geänderten Verhältnissen, im Reichstag neulichst zur Verhandlung und Annahme gelangt, offenbar nur, weil die Regierung unter der seit Monaten andauernden Kabinetskrisis, die für die Herbst-Winter-Saison versprochenen politischen Vorlagen (Wahlgesetz, Oberhaus-Reform, Kirchenfrage u. s. w.) nicht einbringen mag und man die versammelten Landesväter doch beschäftigen wollte. Ein Zeitvertreib, der uns 15 bis 20 Millionen kosten kann, und das gerade im Momente, wo alle Welt auf Ersparnisse dringt. Auch **bezeichnend!**

Wir stellten in zweiter Reihe als zulässig auch die n e u e Steuer hin, wenn sie nicht den Verkehr unmittelbar trifft und nur vom Ueberflüssigen einen Bruchtheil fordert. Mit anderen Worten: die L u x u s s t e u e r. Ihre Einführung ist letzter Zeit auch **bei** uns vielfach befürwortet worden. Sie lässt allerdings — weil sie nur die Wohlhabenheit trifft und es bis zu einem gewissen Grade vom freien Willen des Einzelnen abhängt, der Steuerpflichtigkeit ja oder nicht zu unterliegen — sich auch dort anwenden, wo der M a s s e der Steuerpflichtigen, wie in Ungarn, n e u e Lasten nicht gut aufzulegen wären. **Aber aus** dieser Begründung der Luxussteuer scheint **mir ein** Zweifaches zu folgen. Das Erste ist, dass eigentliche Verzehrungsgegenstände nicht gut der Luxussteuer unterzogen werden können. Gewiss gehören Fasane, Trüffeln, Champagner und Derartiges nicht zu den ersten Lebensbedürfnissen, und es ist an sich durchaus kein Uebel, wenn die Luxussteuer deren Genuss vertheuert; aber der Ertrag wird so verschwindend klein sein, dass er nicht ernstlich in Betracht kommen kann. Hingegen finde ich es, volkswirthschaftlich und gesellschaftlich, entschieden ungerechtfertigt, wenn man z. B. Zucker und Kaffee zu Objekten einer hohen Luxussteuer machen will. Unentbehrliche Genüsse sind dies freilich nicht, aber dass die Zunahme ihrer Konsumtion **eher** wünschens- denn bedauernswerth sei, das wird doch **wohl** heute nicht in Abrede gestellt werden. Wer Kaffee und **Zucker** zu Luxusobjekten stempelt, könnte dahin auch den **Tuchrock** und das Hemd zählen, das unsere Vorfahren Jahrtausende hindurch zu entbehren gewusst; ebenso die Kartoffel, welche sie erst seit dem sechzehnten Jahrhundert kannten. Meine zweite Bemerkung wäre, dass bei Einführung einer Luxussteuer auch die Kehrseite der Medaille zu beachten, **die** Frage zu berücksichtigen ist: ob nicht anderweite Nachtheile den finanziellen Gewinn weit aufwiegen. Nur Ein Beispiel: Es wurde unter Andern eine Besteuerung der Wand- und Stehuhren beantragt. Wäre gewiss sehr einträglich im Westen Europa's, wo das Haushalten mit **der Zeit,** in Folge dessen die Pünktlichkeit, allen Bevölkerungsschichten so sehr zur **zweiten Natur** geworden, dass die Wand- und **Stehuhr im** einfachsten Wohnzimmer des bescheidensten **Arbeiters** kaum **fehlt; in den** anspruchlosesten Gasthäusern ist jedes Zimmer mit einer solchen versehen. **Bei** uns von all' dem kaum **leise** Anfänge, weil unser asiatisches Faulenzerthum **die** Pünktlichkeit, das Geizen mit den Minuten noch nicht kennt. Eine Besteuerung der Wand- und Stehuhren wird **auf** diese grösstentheils verzichten lassen; **das** finanzielle Ergebniss wäre bedeutungslos, dabei ein gesellschaftlicher Rückfall und der volkswirthschaftliche Schaden **der** Lahmlegung eines ansehnlichen Gewerbezweiges.

XXXII.

Zum Glück fehlt es nicht an Luxusgegenständen und Genüssen, die weder von der einen noch von der andern der

eben gemachten zwei Bemerkungen getroffen werden. . . .
Ich will nur b e i s p i e l s w e i s e einige Luxussteuern namhaft machen, gegen deren Einführung sich kaum ein ernst-
liches Bedenken geltend machen liesse, Eine aber, deren
Einführung ich sogar für entschieden wünschenswerth halte.

Was die erste Kategorie betrifft, so wäre kaum ein ernster
Einwurf zu erheben gegen eine P f e r d e- und E q u i p a g e-
s t e u e r. Selbstverständlich hat sie nicht für Pferde und
Wagen zu gelten, welche die Erwerbstbätigkeit des Betreffenden in **Anspruch** nimmt; sind diese doch schon durch die
Grund- oder Gewerbesteuer betroffen. Aber wer für seine
eigene oder seiner Angehörigen B e q u e m l i c h k e i t besonders Pferde und Wagen hält, der geniesst oder affektirt
einen gewissen Grad der Wohlhabenheit; 20—50 Gulden
jährlicher Mehrsteuer sind für ihn leicht zu ertragen. Er wird
dieserwillen das Halten von Pferden und Equipage kaum
aufgeben; ein nachtheiliger Einfluss auf die Hippikultur oder
auf die Wagenfabrikation ist also kaum zu besorgen. Tritt
dies in einigen seltenen Fällen ein, so **ist** der kleine Uebelstand leicht zu ertragen in Berücksichtigung des staatsfinanziellen Ergebnisses der Massregel. Letzteres auch nur mit an-
nähernder Gewissheit zu bestimmen ist unmöglich, so lange
nicht eine spezielle amtliche Aufnahme die nöthigen Anhalts-
punkte geliefert. Aber wenn man annimmt, — was gewiss
nicht übertrieben ist, — dass nur der vierzigste Theil ($2^1/_2$ Prozent) der in Ungarn befindlichen Pferde (die 1870er Zählung
ergab deren 2,179.811) in die Kategorie der Steuerbaren
fiele und die Steuer per Luxuspferd mit **10** Gulden bemes-
sen wird, so ergäbe dies immerhin eine h a l b e M i l l i o n
G u l d e n und darüber.

Ich hätte **auch** gegen die vielfach beantragte P i a n o-
s t e u e r **Nichts** einzuwenden. Allen Respekt **vor** der Kunst;
auch die Verbreitung der musikalischen **Bildung** im Allgemeinen, des musikalischen Sinnes, verdient unterstützt **und**
gefördert zu werden. Das aber hat Nichts gemein mit **der**

musikalischen Nothzüchtigung, der unsere armen Kinder zu
Hunderten und Tausenden ausgesetzt sind, — von der Ohren-
marter der unschuldigen Nachbarn ganz abgesehen. Sie ist
gar nicht zu zählen die Schaar jener Kleinen, welche, ohne
allen Sinn oder auch nur Gehör für Musik, Jahre hindurch
mit Musik-Unterrichtsstunden abgefoltert werden, um, wenn
erwachsen, Noten und Notenpult auf immer in die Rumpel-
kammer zu werfen; wenn die Aermsten die **eine Hälfte der**
derart unter **Qual** und Langweile vergeudeten Zeit **auf** Er-
lernung praktisch nützlicher, ihren Fähigkeiten entsprechender Gegenstände, die andere Hälfte auf Spiel und körper-
liche Uebung verwendeten: wir würden eine, physisch und in-
tellektuell viel gesündere Generation heranwachsen sehen.
Sollte die Pianosteuer, welche ich eben deshalb nicht zu niedrig greifen möchte, zur Folge haben, dass der Familienvater
den Ankauf und den Missbrauch des Pianos reiflicher über-
legt, Mancher auf den kostspieligen Luxusartikel verzichtet,
so würde ich hierin durchaus kein Unglück sehen; im Gegentheil. Wie dem sei, der Besitz des Pianos setzt eine gewisse
Wohlhabenheit voraus, die ein Steuerplus zu ertragen **vermag; kann** oder will man es nicht, so lässt die **Last sich ab-
wälzen;** ein Piano **muss** man nicht besitzen.

Als die entschieden empfehlenswerthe Luxussteuer erscheint mir die **Dienstbotensteuer.** Sie besteht in
England, in Belgien, in Holland; ihre Einführung wäre **bei
uns** ganz besonders angezeigt. Den Abendländer, der einige
Zeit hier weilt und Gelegenheit hat, unsere sozialen Verhältnisse kennen zu lernen, erinnert Nichts so sehr an die Nähe
des Orients, als der Missbrauch, welcher allgemein mit dem
Dienstbotenhalten getrieben wird: durchgehends über den
Bedarf hinaus. Die bescheidenste bürgerliche **Familie (Be-
amter, kleiner Kaufmann** oder Gewerbetreibender), welche
in Paris oder Berlin sich vielleicht kaum Ein Dienstmädchen
gönnen, sondern mit einer „femme de ménage", Aufwärterin,
auszureichen versuchen würde, hält in Budapest regelmässig

zwei Dienstboten; wenn mehrere Kinder vorhanden sind, auch drei oder gar vier. In den grösseren Provinzstädten, wo der Luxus in vielen Beziehungen noch widersinniger übertrieben wird, auf dem Lande, wo die Menschenkraft noch weniger gespart wird als in der Hauptstadt, zeigt jener Dienstbotenluxus sich in gleichem oder noch höherem Masse. Lohn, Kost, Bequartirung und Anderes gerechnet, kostet in Budapest ein weiblicher Dienstbote wenigstens 25, ein männlicher wenigstens 30 Gulden monatlich; macht auf's Jahr 300 und bezüglich 360 Gulden. Rechnen wir für die Provinz zwei Drittel dieses Betrages, sonach 200 und 240 Gulden. Nun denn, wer sich über den absoluten Bedarf hin**aus** — als solchen möchte ich Einen Dienstboten bei zwei Kindern, zwei Dienstboten bei einer grösseren Kinderzahl betrachten — diese permanente Mehrausgabe von 200 bis 360 Gulden ein- oder auch mehrere Mal um seiner Bequemlichkeit oder um der „Welt" Willen auflegt, der hat auch die Mittel oder müsste sie haben, um eine Mehrsteuer von 50 bis 100 Gulden jährlich ohne Ueberbürdung ertragen zu können. Vermag er's nicht oder will er's nicht und beschränkt er in Folge dessen seinen Dienststaat, — desto besser.

Ja wohl, desto besser. Es wäre hiemit eine Reform erwirkt, die gesellschaftlich und volkswirthschaftlich nur von wohlthätigem Einflusse sein könnte. Der übertriebene Dienstbotenetat hat zur ersten Voraussetzung das absolute Nichtsthun der Hausfrau. „Ehret die Frauen, sie flechten und weben u. s. w." Ich verlange durchaus nicht, dass die verheirathete Frau mit zur Erwerbsthätigkeit herangezogen werde; es zeigt immer von ungesunden wirthschaftlichen und gesellschaftlichen Verhältnissen, wenn die Nothwendigkeit dessen in grösserem Massstabe sich einstellt. Die Frau soll aber von der erwerbenden Thätigkeit deshalb befreit sein, damit sie unverkürzt ihren Pflichten als Gattin, als Hausfrau, als Mutter obliegen könne. Dass jedoch — wie dies bei unserem Bürgerstande vorwiegend der Fall — der Mann Tag und Nacht ringe,

arbeite und erwerbe, damit die Frau die eine Hälfte des Tages
am Toilettespiegel oder romanlesend auf dem Sofa, die andere Hälfte Visiten machend, flanirend und plaudernd zu-
bringe, während im Hause Alles, die Kinder mit inbegriffen,
den Dienstboten überliefert ist: das kann ich weder billig
noch vernünftig finden. Der Mann hat von Glück zu sagen,
wenn hierunter n u r seine Börse und sein Hauswesen leidet;
Müssiggang ist aller Laster Anfang.

Dazu kömmt der schädigende Einfluss des Dienstbotenluxus auf die wirthschaftliche Thätigkeit der Nation. Feldbau, Gewerbe und Handel klagen allgemein über den Mangel an Arbeitskräften und die ausserordentliche Theuerung
derselben; die Klage ist nur zu begründet und der beklagte
Uebelstand ist eine der Hauptursachen unseres wirthschaftlichen Zurückbleibens. Wie soll aber auch die ärmere Jugend
sich zur sauern „Arbeit" entschliessen, wenn sie bei halbem
oder ganzem Nichtsthun, im Dienststande, ein reichlicheres
und angenehmeres Auskommen findet? Die 1870er Volkszählung weist nach, dass zu p e r s ö n l i c h e r Dienstleistung
(Knechte, Mägde u. s. w., die zugleich dem Erwerbe dienen,
n i c h t inbegriffen) verwendet sind 1,143.075 Personen, —
um 766.156 Personen oder um 200 Prozent mehr als bei **Ge-**
legenheit der 1857er Volkszählung! Hingegen hat sich im
selben vierzehnjährigen Zeitraum die Zahl der bei der Industrie beschäftigten Arbeiter nur um 173.536 gehoben und beträgt bei der 1870er Volkszählung noch lange nicht den
d r i t t e n Theil (355.873) der zur p e r s ö n l i c h e n Dienstleistung verwendeten Individuen . . . Ganz asiatisch, und kann
nicht entschieden genug bekämpft werden. Wenn die Dienstbotensteuer hiezu mithilft, so wird sie nur segensreich
wirken.

Darum möchte ich auch den Steuersatz nicht zu niedrig
greifen; etwa 30, 40 **und** 50 Gulden nach Provinz, Stadt
und Grossstadt für jede Dienstperson über den ersten und
bezüglich (bei grösserem Hausstande) zweiten Dienstboten

hinaus.*) **Ich will** damit gar nicht in Abrede gestellt haben, dass die aristokratische oder plutokratische Familie und was in der Gesellschaft den entsprechenden Rang einnimmt, **eine** grössere Dienstbotenzahl als „unerlässlich" zum „standes- gemässen" Leben betrachten wird; ich mag ihr auch die Be- friedigung dieses Bedürfnisses durchaus nicht wehren. Aber die Familie, welche 5 bis 10 Diener und Mädchen hält, hat auch die Mittel, ein Steuermehr von 300 bis 400 Gulden jähr- lich zu ertragen; entlässt sie vielleicht Einen, um durch diese Ersparniss die Steuer für die übrigen zu decken, so hat die Steuer auch ihren N e b e n zweck erreicht. Das wird in noch höherem Grade der Fall sein, wenn es der Steuer gelingt, in den b ü r g e r l i c h e n Haushaltungen den Dienstbotenluxus zu vermindern und dadurch die Hausfrauen zur unmittel- bareren Beachtung ihrer Pflichten zu vermögen.

Es ist allerdings nicht eben die Aufgabe der Steuerge- setzgebung, volkswirthschaftliche und gesellschaftliche Re- formen anzustreben; es ist jedoch gewiss kein Uebel — im Gegentheil — wenn dies neben dem finanziellen Ergebniss erreicht wird. Das ist der Fall bei der beantragten Steuer. Wer unsere Dienstboten-Verhältnisse kennt, wird zugeben, dass von den 1,143.075 Dienern und Dienerinnen, deren Vorhan- densein die 1870er Volkszählung konstatirte, wenigstens ein gut Viertheil entbehrlich wird, wenn wir nur ein klein wenig von der asiatischen uns der europäischen Haushaltungsweise zuwenden wollen. Macht beiläufig 300.000 entlassbare Dienstpersonen. Angenommen, dass die Steuer zur wirk- lichen Entlassung von 100.000 derselben führt, die andern 200.000 aber weiter behalten und mit durchschnittlich vierzig Gulden versteuert werden, so haben wir einerseits dem Acker- bau und der Industrie 100.000 Paar arbeitsfähige Arme, an-

---

*) In England kostet der erste Diener 1 Pfund 1 Shilling (10½ Gulden Silber), für die weiteren ist je 3 Pfund 11 Shilling 6 Pence zu zahlen; in Belgien variirt die Taxe nach der Zahl der Diener zwischen 6 Franks 36 Centimes bis 14 Franks 84 Centimes, in Holland zwischen 5 bis 40 Gulden.

dererseits dem Staatsschatze ein Einkommen von 200.000 × 40
= 8,000.000, sage acht Millionen Gulden zugeführt.

Ich wüsste unter unseren volkswirthschaftlichen und
staatsfinanziellen Verhältnissen kaum zu sagen, ob Ersteres,
ob Letzteres als der höhere Gewinn anzuschlagen ist.

Ich wiederhole es: ich will betreffs der Luxussteuer
keine positiven Vorschläge gemacht, sondern nur Beispiele
angeführt haben; es lässt sich mit denselben, glaube ich,
nicht schwer nachweisen, dass auf diesem Wege, ohne
eigentliche Belastung der Bevölkerung, dem bedrängten
Staatsschatz ein Jahreseinkommen von 8 bis 10 Millionen
Gulden zuzuführen wäre.

XXXIII.

Lässt man die Ausführungen der vorangehenden Abschnitte gelten, so sind in das Normalbudget, das heisst von
1877 ab, die sogenannten fakultativen Ausgaben mit fünfzehn
Millionen unter ihrem heutigen Betrag, rund mit vierzig
Millionen Gulden einzustellen. Bezüglich der Pflichtausgaben kann gespart werden: bei den gemeinsamen Ausgaben
8,000.000, Pensionen und schwebende Schuld 700.000, ungarische Staatsschulden 3,500.000, Eisenbahn-Zinsengarantie
5,280.000, Wegfall des Agiozuschlages bei den zwei letzten
Posten und bei dem Beitrag zur gemeinsamen Staatsschuld
3,100.000, zusammen 20·5 Millionen, wonach die Pflichtausgaben (heute 122·5 Millionen) sich auf 102 Millionen herabmindern. Somit Gesammtbedarf des ungarischen
Staatshaushaltes im Normalbudget: 102 + 40 =
142,000.000 Gulden. Die Summe gilt, wie dem Leser
noch erinnerlich sein dürfte, von den effectiven Staats-
lasten, das heisst mit Ausschluss der blos durchlaufenden
Posten und der Eigenkosten gewisser Geschäftsbetriebe (Tabak, Salz, Lotto, Post, Telegraf u. s. w.), welche Kosten das
Publikum nicht als Steuer rückerstattet, sondern — wie dies

dem Privaten gegenüber geschehen würde — als Entgelt für
einen empfangenen wirthschaftlichen Werth oder Dienst. Wir
haben andererseits nachgewiesen (Abschnitt III), dass **die
reine oder verfügbare Staatseinnahme** sich heute
auf 140,000.000 Gulden beläuft. Schlagen wir hinzu
nur das Mehr **von** vier Millionen, welches die vom Unterhause
bereits votirte Korrektion des Grundsteuergesetzes zu bringen
hat, so erhalten wir, ohne jede neue Belastung der Steuerpflichtigen, ein **defizitloses** Budget, sogar einen **Ueberschuss** von zwei Millionen.

Unsere Aufstellung gilt bekanntlich für 1877 und weiterhin, indem wir **die** dreijährige Zwischenzeit für nöthig, aber
auch für vollkommen genügend erachten, um die im Verlaufe
dieser Studie entwickelten juridischen, **administrativen,
volkswirthschaftlichen** und finanziellen Reformen **durchgeführt** und sie ihre Wirkungen äussern zu sehen. Nimmt man
an, — was keineswegs optimistisch ist — dass diese Massnahmen mittelst der gesteigerten Verkehrslebhaftigkeit und
des gehobenen Volkswohlstandes das Erträgniss der bestehenden Steuergattungen aller Art im Durchschnitt nur um **fünf
Prozent** steigern, so erhebt sich der regelmässige Budget-
Ueberschuss auf 7 bis 8 Millionen Gulden, was die Befrie-
digung gesteigerter Kulturanforderungen, die an den Staat
gestellt würden, gestattet. Findet man diese, gewiss beschei-
den angeschlagene Steigerung zu optimistisch, so wollen wir
sie gerne ausser Berechnung lassen. Wir wollen noch weiter
gehen, um jeden Anschein der Schönfärberei oder der Selbsttäuschung zu vermeiden; wir wollen also auch die Annahme
oder Befürchtung nicht zurückweisen, dass die soeben auf
35.₅ Millionen summirten Abstriche oder Ersparungen sich
nicht **vollständig** durchführen lassen; denken wir sie uns
um 20 Prozent geringer, also nur 28 Millionen betragend.
Dann steht es frei, zu den im vorhergehenden Abschnitt
angedeuteten Luxussteuern seine Zuflucht zu nehmen; ihr Erträgniss gleicht diesen Ausfall aus und das defizitlose Budget

oder — wenigstens — das Gleichgewicht im Staatshaushalte findet sich wieder gesichert.

Das ist, wird sie erzielt, gewiss keine „desperate" Lage. Die Herbeiführung derselben erfordert aber weder Hexerei noch finanzielle Staatsstreiche; sie beansprucht Einsicht, Thätigkeit und Ausdauer seitens unserer Staatslenker. Man wird unter den beantragten Massnahmen keine einzige finden, welche den Grundlagen unseres Verfassungswesens, den Anforderungen der strengsten Gerechtigkeit, den anerkannten Grundsätzen der modernen Staats- und Volkswirthschaft zuwiderliefe; keine einzige, deren Durchführung nicht auch dann wünschenswerth erschiene, wenn sie nicht durch die dringende Finanznoth geboten wäre. Höchstens dürfte man unserer Ausführung den Vorwurf machen, dass sie die „bessere Zeit" weit hinausschiebt, da der geregelte Staatshaushalt erst mit dem Jahre 1877 eintreten soll. Mit Quacksalbereien und Gewaltmitteln lassen sich allerdings raschere Erfolge erzielen; was aber solche Kuren werth sind, weiss jeder Einsichtige. Ich will eine gründliche, dadurch ernste und dauernde Genesung unseres Staatshaushaltes; das verlangt Zeit, namentlich bei einem so arg unterminirten Gesundheitsstand, wie es der unserige ist.

Freilich tritt dann die Nothwendigkeit von Uebergangsmassregeln gebieterisch an uns heran; es muss für das Defizit der Zwischenzeit gesorgt werden. Wir ermittelten für das Durchschnittsbudget unter dem gegenwärtigen System einen jährlichen Gesammtbedarf von 178 Millionen angesichts eines verfügbaren Einkommens von 140 Millionen, somit einen Abgang von 38 Millionen Gulden; für 1874 findet sich derselbe theils durch Schuldreste des Vorjahres, theils durch die unabweisbare Aus- und Fortführung öffentlicher Arbeiten auf zweiundsiebzig Millionen erhöht (Abschnitt II bis IV). Hiefür hat bis auf acht Millionen die jüngste Anleihe gesorgt, die auf $76^{1}/_{2}$ Millionen nominal an 64 Millionen effektiv bringen muss. Bleiben zu bedecken:

8 Millionen für 1874, und für die nachfolgenden zwei Jahre je 38 Millionen, somit Alles in Allem 84 Millionen Gulden. Wir wollen für unabweisbare Unternehmungen und Unvorhergesehenes weitere acht Millionen jährlich hinzurechnen und demgemäss das bis Ende 1876 noch zu bedeckende Defizit auf rund hundert Millionen Gulden veranschlagen.

Allerdings ein ansehnlicher Betrag für ein schuldenbeschwertes Land. Doch lässt derselbe sich herabmindern. Unter den Ersparnissen, welche wir im Laufe dieser Studie für das Zukunftsbudget beantragen, sind auch solche, welche ganz oder theilweise schon vor 1877 durchgeführt werden können. In die erste Kategorie gehört die Ersparniss von 7 bis 8 Millionen, welche an unserem Beitrag zu den gemeinsamen Ausgaben durch Rückführung desselben auf den Durchschnitt der Jahre 1868, 1869 und 1871 zu erzielen ist (Abschnitt XXII). Das ist schon in der nächsten Delegation anzustreben, das heisst für 1875 und 1876 durchzuführen. Was hilft das Leugnen und Vertuschen von Zuständen, die alle Welt kennt? Haben wir wenigstens den Muth und das Verdienst der Offenheit! Gestehen wir unumwunden in den Delegationen, dass schon die Rücksicht auf unsere Finanzlage es dringend gebietet: vorläufig auf das kostspielige Renoviren, Experimentiren und Armiren zu verzichten und uns auf die im Interesse der Wehrfähigkeit unerlässlichsten Ausgaben zu beschränken! Das war seit Langem die Ansicht der österreichischen Delegation; sie wird dieser Ansicht, von uns kommend, heute um so eher beitreten, als die Nachwehen des „Krachs" sich auch der cisleithanischen Bevölkerung sehr fühlbar machen und zu Steuer-Erleichterungen drängen ... Zur zweiten Kategorie der Ersparnisse, die nämlich zum Theil schon vor 1877 durchzuführen sind, rechne ich die fünfzehn Millionen, um welche durch die vollständige Reorganisation unseres Verwaltungs-Mechanismus die laufenden Ausgaben verringert (Abschnitt XXV), und

die 5·2 Millionen, welche durch die Neugestaltung unseres
Bahnwesens an der Zinsengarantie erspart werden sollen
(Abschnitt XXX). Beides kann und soll ungesäumt (nicht
durchgeführt, wohl aber) in Angriff genommen werden. In
solchem Falle lässt sich wohl von der ersteren wie von der
zweiten Ersparniss ein D r i t t h e i l **schon von** 1875 ab realisiren. Macht für 1875 und **1876**: (5 + 1·7) $\times$ 2 = 13·4
Millionen, was zu obigen (7·5 $\times$ 2 =) 15 Millionen **hinzu-**
gerechnet, einen Abschlag von nahe 28$^1/_2$ Millionen ergibt,
s o m i t **d a s u n b e d e c k t e D e f i z i t** d e r U e b e r g a n g s-
p e r i o d e a u f 72,500.000 fl. h e r a b m i n d e r t. D a s s e l b e
Ergebniss wird erreicht, wenn a n s t a t t der sofortigen, wenn
auch nur theilweisen Durchführung **dieser** Ersparnisse, die
sofortige (das heisst von 1875 an) Aktivirung der Luxussteuern erfolgt. Viel g ü n s t i g e r natürlich gestaltet sich dasselbe, wenn B e i d e s gleichzeitig geschieht. Wir wollen jedoch, um auch dem Schein des Optimismus auszuweichen,
uns nur das Eine o d e r das Andere verwirklicht denken. Wir
verbleiben sonach bei dem eben ermittelten Defizit von 72·5
Millionen; wie dasselbe bedecken?

XXXIV.

Seit ich die Ehre habe, **dem** ungarischen Reichstage an-
zugehören, **liess** ich kaum Eine Budgetdebatte vorübergehen,
ohne auf die **staats-** und volkswirthschaftlichen Unzukömm-
lichkeiten unseres ungeheueren D o m ä n e n b e s i t z e s hinzuweisen. Ich that dies zur Zeit, wo **die** Idee der Veräusserung
des unbeweglichen Staatsvermögens **bei** uns noch für Häresie
oder gar für Landesverrath galt. **Die** fortschreitende staats-
wirthschaftliche Erkenntniss, **die** aufklärende Diskussion,
der Druck der Nothwendigkeit **haben** seitdem eifrige Propa-
ganda für diese Idee gemacht; ich konnte sie, ohne auf
Widerspruch zu stossen, gelegentlich der ersten Budget-De-
batte für 1874 eingehend besprechen und auch den Durch-

führungsmodus andeuten. (Sitzung vom 21. Juni 1873.) Sie
ist seit einem Jahre auch von anderer Seite im Reichstage
und in der Presse befürwortet, letzthin aber von der Regierung in freilich sehr unliebsamer Weise (durch die Verpfändung der Domänen an das Rothschild-Konsortium) auch die
Durchführung angebahnt worden. Der ungarische Staat besitzt als Eigenthum fünfthalb Millionen **Joch** Grund, etwa
ein Z w ö l f t e l des gesammten ungarischen Bodens. Das
hatte mehr weniger einen Sinn zur Zeit, wo einerseits der
Grund und Boden **das einzige** Vermögen und die einzige
Einkommensquelle bildete, andererseits der Staat seine Bedürfnisse vorwiegend aus **dem** Eigenen bestritt; Beides hat
auch bei uns längst aufgehört. Der moderne Staat hat ganz
andere Aufgaben, als das w i r t h s c h a f t l i c h e Arbeiten
und Erwerben. Er benöthigt dessen auch nicht. Für seinen
Geldbedarf sorgt der Antheil, welchen die Bevölkerung ihm,
damit er eben seinen höheren Aufgaben entspreche, von dem
Ertrage i h r e r Schaffens- und Erwerbsthätigkeit überlässt
(Steuer u. s. w.) Und insoweit sich überhaupt Besitz und
Betrieb Seitens **des** Staates noch rechtfertigt, so sind diese
ganz spezieller Natur, mit dem **Berufe** des Staates unmittelbar
zusammenhängend (Tabak- und Salzmonopol, Eisenbahnen,
Post und Telegraf); ihm gehört nicht der gewöhnliche, Feld-,
Forst- oder Bergbau, wo die Konkurrenz des Staates nur störend in das Gebiet der Privatindustrie hinübergreift. Darüber
sind in neuerer Zeit Theorie und Praxis längst einig geworden, und der staatliche Domänenbesitz ist in den meisten
Kulturstaaten auf einen sehr bescheidenen Umfang reduzirt.

Die Erfahrung hat auch bei uns bereits ihr Urtheil
gesprochen. Von dem Zwölftheil des ungarischen Areals,
welches der Staat als E i g e n t h u m besitzt, bezieht er als
Jahreserträgniss k a u m s o v i e l (unter acht Millionen Gulden) **als** ihm jedes der restirenden $^{11}/_{12}$ an direkten und indirekten S t e u e r n einbringt; Beweis genug, dass der Betrieb ein höchst unbefriedigender ist und namentlich vom

volkswirthschaftlichen und politisch-sozialen Standpunkte
aus der Uebergang der Domänen in den Privatbesitz in
jeder Beziehung vortheilhaft wäre Hat doch soeben erst ein
Regierungs- und Fachmann (Baron Jul. Fiáth) nachgewiesen, dass auch das Pachtsystem, von welchem man sich in
letzter Zeit eine Aufbesserung der Betriebsergebnisse ver-
sprochen, in keiner Weise befriedigt und befriedigen kann.

Die Waldungen mögen hier unberücksichtigt bleiben;
bezüglich derselben sind die staatsfinanziellen und die direkten volkswirthschaftlichen Gesichtspunkte nicht allein zu
beachten; an einen „Ausverkauf" der vier Millionen Joch
Waldungen ist übrigens beim heutigen Stande des Holzge-
schäftes auf lange hinaus nicht zu denken. Aber die Veräusserung der fünfmalhunderttausend Joch
landwirthschaftlicher Besitzungen und der stetig
mit Verlust arbeitenden Bergwerksbetriebe muss in
jeder Beziehung angelegentlichst empfohlen werden. Wird
dafür gesorgt, dass der Verkauf in Parzellen geschieht und
dadurch der Ankauf auch dem „kleinen Manne" zugänglich
ist, wird gleichzeitig diese Zugänglichkeit in der Art gesteigert, dass der Erstehungspreis in 20 bis 30 Annuitäten ab-
gezahlt werden kann, so wird es an Erstehern im Lande
selbst nicht fehlen; wir werden uns gleichzeitig einen wohl-
habenden Bauernstand herangebildet haben, was nicht hoch
genug anzuschlagen ist. Dass der gegenwärtige Augen-
blick zum Grundverkauf eben nicht sehr geeignet ist, geben
wir zu; das schreckt uns aber nicht im Geringsten. Für das
Defizit des laufenden Jahres ist gesorgt; wir können sonach
selbst mit dem Beginn der Operation noch 8 bis 10 Monate
warten. Die Stimmung und die Lage des Geldmarktes bes-
sert sich sichtlich, und eine halbwegs günstige Ernte im Jahre
1874 wird auch die Preisverhältnisse des Grund und Bodens
sofort günstiger gestalten.

Unter den angedeuteten Verkaufs- und Zahlungsmodali-
täten und bei allmäligem Verkauf lassen sich sehr an-

ständige Preise erzielen; ein Erlös von hu n d e r t Milli-
o n e n G u l d e n für die landwirthschaftlichen Besitze und die
bergmännischen **Betriebe werden** Fachmänner als mässige
Schätzung betrachten. Die italienische Gesellschaft der Do-
manialgüter zeigt, **wie dieser Erlös sich zu** Gunsten der Regierung „eskomptiren", **das** heisst im Bedarfsfalle, auch ehe
er erzielt worden,'sich einheimsen **und** verwenden lässt. Auch
sind die dortigen Staatsdomänen durchgehends **ü b e r den**
Preis verkauft worden, zu welchen die Regierung sie eingeschätzt hätte; **dass hiedurch noch** keine vollständige Regelung der italienischen Finanzen erzielt wurde, war gewiss
nicht **die Schuld dieser** Operation; Danaidenfässer scheinen
ja auch Götter nicht **füllen zu können!** ... Nur noch d i e
Bemerkung, dass ich in der neulich erfolgten „Verpfändung"
der Domänen kein unübersteigliches Hinderniss der Durch-
führung dieser Operation sehe. Von der Erklärung abgesehen,
welche Minister - Präsident und Finanzminister Szlávy im
Oberhause (30. Dezember 1873) über die „Natur" dieses Pfan-
des abgegeben; abgesehen auch davon, dass das Anlehens-
gesetz die Domänen als **Pfand** für 153 Millionen bezeichnet
und wir bisher nur $76^1/_2$ Millionen aufgenommen haben, —
kann die völlige Freimachung der Domänen überhaupt keine
Schwierigkeit haben, **wenn** die im Abschnitt XXVIII dieser
Studie geforderte Umgestaltung unseres Staatsschuldenwesens baldigst **angestrebt** wird.

Eine zweite bedeutende Aushilfsquelle bieten die
S t e u e r -, P a c h t - und a n d e r e R ü c k s t ä n d e. Eine offizielle Zusammenstellung beziffert sie auf 117·5 Millionen
Gulden, mit Inbegriff von 12·3 Millionen „b e w e g l i c h e n
S t a a t s v e r m ö g e n s" (wohl Aktien und Obligationen), die
allerdings nicht **ganz** in diese Rubrik gehören. Sind diese
Papiere nach ihrem reellen Werthe eingeschätzt, **so** steht
ihrer Versilberung Nichts entgegen; **sie** wäre jedesfalls
vortheilhafter und anständiger, als **das** ewige Hausiren behufs ihrer Verpfändung. Mit 16·6 Millionen sind ferner die

„gemeinsamen Aktiven" eingestellt; der Posten ist kein „dubioser", und es dürfte **nur einiger** Energie Seitens der ungarischen Regierung bedürfen, um die seit sieben Jahren verschleppte Abrechnung und Liquidation endlich durchgeführt zu sehen. Hingegen dürften die 13·6 Millionen, **welche den** Eisenbahn- und anderen Unternehmungen als Zinsengarantie-Vorschuss ausbezahlt **worden**, nicht so bald einzubringen sein; die Verpflichtung **zur** Rückzahlung tritt ja erst dann ein, **wenn die** Lage dieser Unternehmungen sich derart gehoben, dass sie einen Ueberschuss **über** die Verzinsung des eigenen Kapitals **erzielen** . . . Verbleiben an fünfundsiebzig Millionen (fl. 74,919.148) eigentlicher Steuer- und Pachtrückstände und anderer fälliger Schulden.

Diese „Aktiva" schleppen sich seit sechs Jahren durch unsere Staatshaushaltungs - Rechnungen hin; es wäre Zeit, auch hier Ernst zu machen und praktische W a h r h a f t i g - k e i t anzustreben.

Die Veräusserung, Eskomptirung oder Verpfändung der aktiven Rückstände hat bisher nicht gelingen wollen. Hören wir **auf,** uns selbst zu täuschen; geben wir kaufmännisch zu Werke. Streichen wir, was unrettbar verloren ist, und sichern **wir uns** den Eingang Dessen, **was** zu retten ist. Ein billiger **Ausgleich** ist auch für den Fiskus mehr werth, als **ein fetter Prozess. Es** mögen bei starken und unverkürzt nicht mehr einbringbaren Ausständen Nachlässe bewilligt, **aber die aufrecht** erhaltenen Beträge vollkommen s i c h e r - g e s t e l l t und **mit** grösster Strenge über die Zuhaltung der im Ausgleich vereinbarten Zahlungs-Termine gewacht werden; andernfalls tritt natürlich die ursprüngliche Forderung des Staates wieder in volle Kraft. **Angenommen, dass bei diesem** Ausgleichsverfahren 10 Prozent (7·5 Millionen) ganz gestrichen, **von dem Rest durchschnittlich** f ü n f z i g P r o z e n t erlassen werden müssen, verbleiben **als** gesichert 33·7 Millionen, und mit Hinzufügung der als vollkommen realisirbar bezeichneten **Posten** (Werthpapiere 12,310.940 fl., gemeinsame Aktiva 16,595.000 fl.) ein realisirbares Aktivum von 62·6 Millionen Gulden. Das macht mit obigem Domänenerlös eine Bedeckung von rund **162.000.000** gegenüber einem Bedarf von **72**·5 Millionen Gulden (Abschnitt XXXIII). Sollte demnach von dem Domänenerlös wie von den Ausgleichs-Summen der Rückstände bis 1876 nur je die Hälfte einlaufen, so ist doch der ausserordentliche Bedarf der dreijährigen Uebergangsperiode vollkommen gedeckt, und wir nehmen noch in die neue Aera des defizitlosen Budgets ein Aktivum von fast neunzig Millionen hinüber für Investitionen und Unvorhergesehenes ......

Die Herstellung und Sicherung eines vollkommen gesunden Staatshaushalts für die nächste Zukunft, wie die Bedeckung des Bedarfes für die Uebergangsperiode sind demnach ohne Umwälzung, ohne finanziellen Staatsstreich, ohne drückende neue Belastung der Steuerpflichtigen mit voller Sicherheit erreichbar, wenn die im Verlaufe dieser Studie entwickelten, auch durch andere als die staatsfinanziellen Rücksichten gebotenen Reformen und Massnahmen ernstlich und ungesäumt in Angriff genommen, mit Talent und Beharrlichkeit durchgeführt werden. Allerdings sind zum Gelingen dieses Werkes vor Allem drei Dinge unerlässlich: ein Ministerium, welches die Gewähr einer gewissen Dauerhaftigkeit in sich trägt; ein Kabinetsleiter, der weiss, was er will, und mannhaft will, was er weiss; endlich — last but not least — ein ehrlicher und befähigter Finanzminister.... Sollte die Erfüllung dieser dreifachen Bedingung unmöglich sein? Wir glauben kaum. Und wär's auch, muss nicht angesichts unserer betrübenden Lage und der Dringlichkeit der Abhilfe auch das „Unmögliche" versucht werden?

Druck von Wilh. Zoeller in Wien.